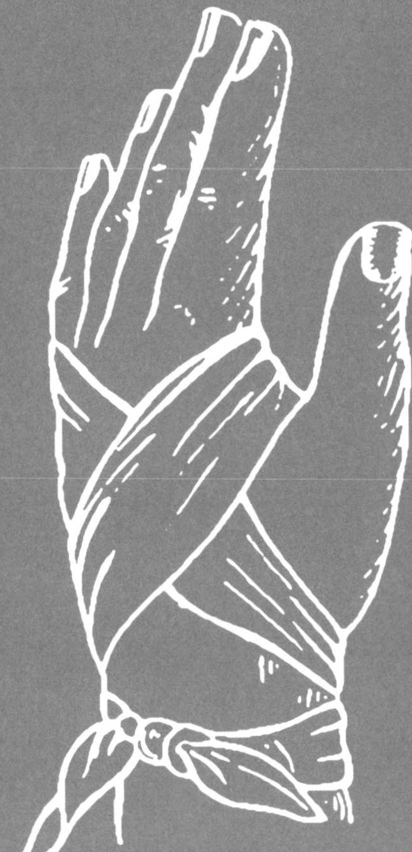

MAKERS BIBLE + OUTVILLE

VORALPEN

VOM BODENSEE
BIS BERCHTESGADEN

MAKER & CRAFTER

HÄNDLER

GASTGEBER

EIN MANIFEST FÜR QUALITÄT,
HANDWERKSKUNST & LEIDENSCHAFT

Liebe Leserinnen und Leser,

dieses Buch behandelt den Raum der östlichen Voralpen, genauer die Regionen zwischen Bodensee und Berchtesgaden.

Unzählige Bücher haben bereits Ausflugs- und Wander-Tipps in dieser landschaftlich besonders reizvollen Gegend beschrieben. Als Buch der *Makers Bible* Reihe befasst sich dieses mit den Menschen und ihren Erzeugnissen. Abseits des Klischeehaften, aber ohne dieses ganz außen vor zu lassen, richten wir auch dieses Mal das Augenmerk auf Maker & Crafter, Landwirte, Gastronomen und Hoteliers, deren Erzeugnisse und Angebote eine Alternative zum Gewöhnlichen darstellen.

Das Buch nimmt die Perspektive des Städters, namentlich der Münchnerinnen und Münchner ein, die von dort ihre Ausflüge starten. Wir stellen immer wieder fest, was auch Sie, liebe Leserin, lieber Leser feststellen: Man ist als Bewohnerin und Bewohner einer Metropolregion nicht allein, wenn man bei schönem Wetter raus will. Man merkt schnell: Andere hatten zeitgleich dieselbe Idee und plötzlich ist man Teil dessen, was man zutiefst verabscheut. Man ist Teil des Staus.

Die Alternative: Vorher Halt machen. Verweilen, statt eilen. Nun gut, die Muskeln brennen nicht so sehr, wenn man mal keinen 2000er besteigt. Indem Sie über die Dörfer und Weiler spazieren, entdecken Sie Land und Leute, und eben deren Erzeugnisse direkt und im Dialog. Erst wundern, dann verstehen und vielleicht das eigene Ausflugs- und Kaufverhalten ändern.

Dem Buch steht ein Online-Pendant zur Seite, so dass man den Ausflug von zu Hause aus planen und vor Ort auch mit dem Smartphone, entdecken und teilen kann.

Die Jahre 2020/2021 sind sehr besondere. Hat sich doch auch eine medial verstärkte Kluft zwischen Land- und Stadtbevölkerung aufgetan.

Überfüllte Züge und Parkplätze und deren unvermeidbaren Folgen sind nur allzu offensichtliche Auslöser dafür, dass auch mal die ein oder andere Hutschnur beim sonst so stoischen und gemütlichen Oberländer reißt. Mit Rücksicht, Respekt und Kommunikation lässt sich alles lösen.
Ob Tracht oder Taschen, Käse oder Fleisch, Schnaps oder Bier, ob Jugendherberge oder Wellness Hotel, die hier gezeigten Ziele – Menschen und deren Angebote – rangieren von traditionell bis innovativ. Unsere Auswahl ist subjektiv und somit nicht vollständig.

Unserer Meinung nach kommt es nicht nur darauf an, was man konsumiert, sondern damit auch von wem. Produkte aus dem Alpenvorland sind Identifikation mit den Menschen, die sie herstellen und anbieten. Ob Lederhose oder Leberknödel, wer das Echte erfahren hat, lässt sich auf die Kopie nicht mehr ein.

Handgemachte Qualität ist Resonanz des Menschlichen und das Ergebnis aus Zeit, Talent und Achtsamkeit und verdient unser aller Wertschätzung. Aber zuvor muss sie entdeckt werden.

In diesem Sinne, Entdeck' mers!
Ihr *Makers Bible* Redaktions-Team

INHALT

Vom Pfaffenwinkel auf die Zugspitze

Zwischen Isar & Inn

Vom Irschenberg zum Königssee

Appendix

HANDGEMACHTE QUALITÄT IM VORALPENLAND

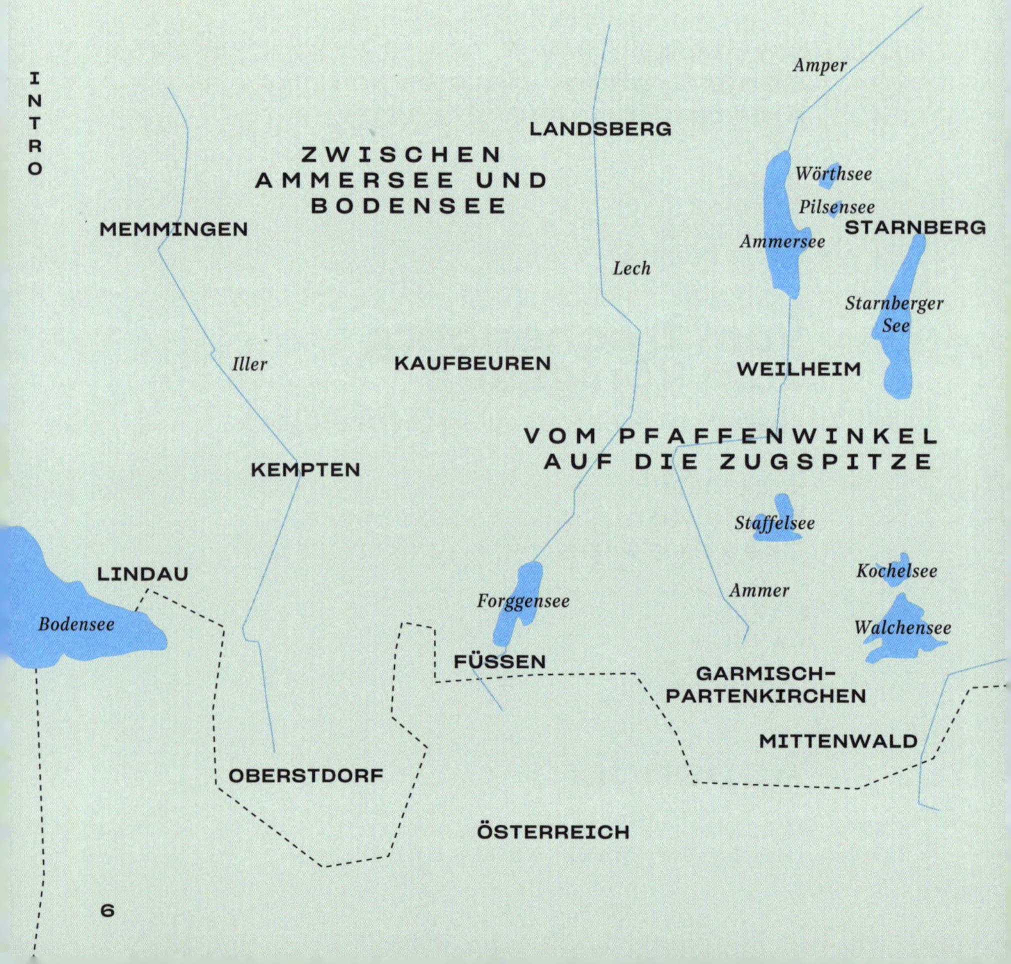

Willkommen im Voralpenland!

Von der Bodenseeküste bis Berchtesgaden. Oder alles entlang und südlich der Autobahnen A96 im Westen und A94 im Osten und dabei immer die Alpenkette im Blick. Navigieren Sie mit dem Smartphone: Auf *makersbible.com* finden Sie unter „Voralpen“ eine Landkarte, auf der alle in diesem Buch vorgestellten Orte, Ausflugstipps und Menschen eingezeichnet sind. Mit zwei Klicks sind Sie abfahrbereit. *Die Nutzung ist kostenfrei.*

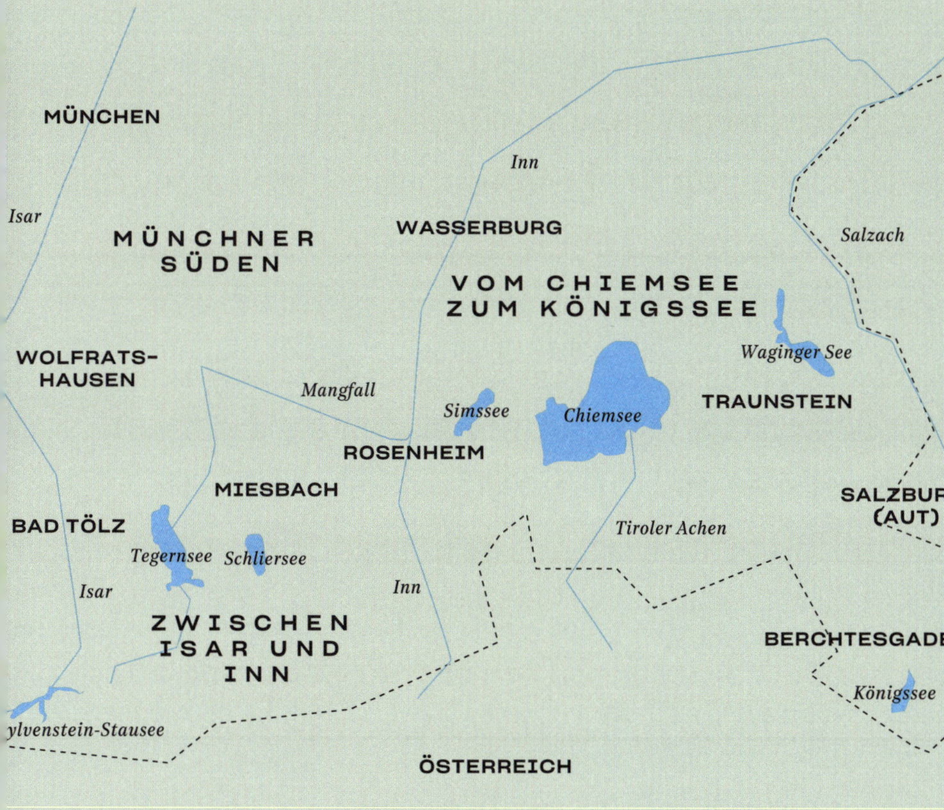

MÜNCHNER SÜDEN

Wenn Münchnerinnen und Münchner ihre Stadt hinter sich lassen möchten, dann zieht es sie isaraufwärts gen Süden. Direkt hinter Thalkirchen geht's mit der Erholung schon los. Zwischen Forstenrieder Park und Perlacher Forst nach Grünwald, vorbei an altehrwürdigen und mondänen Villen immer weiter zum Starnberger See, Richtung Berge und Berg, wo noch mehr „Gspickerte" wohnen als in Grünwald. Aber, das muss man ihnen ja lassen: Es ist schön hier. Blauer See, sanfte Hügel ringsherum, im Hintergrund die Berge. Ein Einkehrschwung im urigen Biergarten beim *Fischmeister* in Münsing oder auf der anderen Seite gediegen im Restaurant auf der Ilkahöhe in Tutzing. Wer vom Radfahren erschöpft ist, springt vor- oder nachher ins kühle Nass.

STADT, LAND, SEE
Starnberger See

UNVERKENNBAR BAYERISCH
Landkreis München

WALD UND WEILER
Ebersberg

MÜNCHNER SÜDEN

VOR DEN TOREN DER STADT

M

MAKER

1 **Drax-Mühle**
Rechtmehring

2 **Diese Elli Zum Kirchenwirt**
Anzing

3 **Holz-Liebling**
Steinhöring

4 **Westerberger Fullblood**
Emmering

5 **Zeitraum**
Wolfratshausen

6 **Rohi / 13Rugs**
Geretsried

7 **Klarinettenbau Dörfler**
Geretsried

8 **Werkvoll**
Münsing

9 **Bootsbauhandwerk**
Tutzing

10 **Unser Dorfbräu**
Seeshaupt

11 **Schreinermeisterei**
Andechs

12 **Tony's Munich**
Seeshaupt

H

HÄNDLER

1 **Maloja Pushbikers**
Holzkirchen

2 **Peam**
Starnberg

G

GASTGEBER

1 **Gasthof zum Vaas**
Forstinning

2 **Limone Kulinarik**
Zorneding

3 **Brauereigasthof Hotel Aying**
Aying

4 **Forsthaus Ilkahöhe**
Tutzing

5 **Unsere Dorfwirtschaft**
Seeshaupt

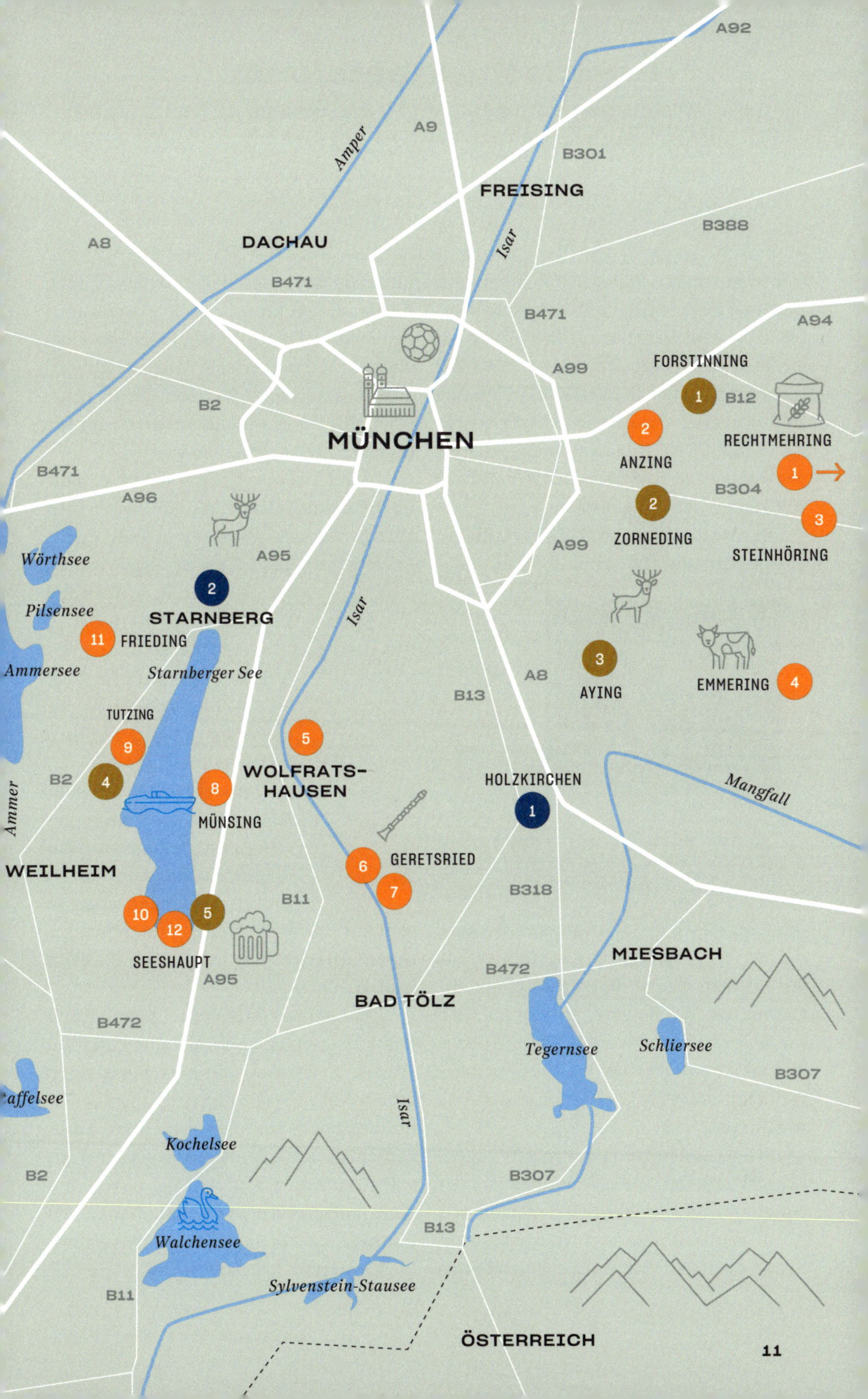
A92
A9
Amper
B301
FREISING
B388
Isar
A8
DACHAU
B471
B471
A94
A99
FORSTINNING
B12
B2
MÜNCHEN
RECHTMEHRING
ANZING
B471
A96
B304
ZORNEDING
STEINHÖRING
A99
A95
Wörthsee
Pilsensee
STARNBERG
FRIEDING
Isar
Ammersee
Starnberger See
A8
AYING
EMMERING
B13
TUTZING
WOLFRATS-
HAUSEN
B2
HOLZKIRCHEN
Mangfall
Ammer
MÜNSING
GERETSRIED
WEILHEIM
B318
B11
SEESHAUPT
A95
MIESBACH
B472
BAD TÖLZ
B472
Tegernsee
Schliersee
B307
affelsee
Isar
Kochelsee
B2
B307
B13
Walchensee
Sylvenstein-Stausee
B11
ÖSTERREICH
1
2
3
4
5
6
7
8
9
10
11
12

Bayerische Staatsforsten

FORSTWIRTSCHAFT IST EINE GENERATIONENAUFGABE, DENN DER WALD IST QUELLE ALLEN LEBENS

Gehen Sie in den Wald. Er tut Ihnen gut. Der Wald ist ein solch vielfältiges und komplexes System, dass wir an dieser Stelle auf ein paar Besonderheiten unserer Wälder hinweisen wollen. In Bayern befinden sich 30 Prozent der Waldfläche in bayerischem Staatsbesitz. Der Patron, Nutzer und Schützer des Waldes sind die *Bayerischen Staatsforsten* mit Hauptsitz in Regensburg.

Der Wald ist Lebensgrundlage. Zuerst einmal für uns Menschen, hier entsteht

WEB
baysf.de
INSTAGRAM
@bayerische_staatsforsten

SCHUTZ UND NUTZUNG FINDEN AUF DER GLEICHEN FLÄCHE STATT

der Sauerstoff, den wir atmen, hier wird das Wasser gespeichert und gereinigt, das wir trinken. Der Wald ist Energiequelle. Gemessen in Kilowatt, aber eben auch metaphysisch, der Wald belebt die Seele. Zudem ist er Rückzugs- und Lebensraum für Wildtiere, Vögel und Insekten, ja auch für Bienen.

Schutz und Nutzung finden auf der gleichen Fläche statt. Ausgenommen von der Nutzung sind spezielle Schutzgebiete wie Naturwaldreservate oder Naturwälder, in denen die Natur sich weitestgehend ohne Eingriffe des Menschen entwickeln darf. Ansonsten finden Besucherinnen und Besucher auf der gleichen Fläche Bäume, die geerntet werden (sollen) neben Totholz, also abgestorbenen Bäumen, die als Brutstätte für Vögel und als Lebensraum für Insekten stehen gelassen werden.

In der Verantwortung der Mitarbeiterinnen und Mitarbeiter der *Bayerischen Staatsforsten* liegen Bewirtschaftung, Ernte, Aufforstung und Pflege der bayerischen Staatswälder. Jägerinnen und Jäger sorgen für die Beobachtung und die Erfassung von Wild und durch die Jagd für eine Anpassung des Wildbestands an den jeweiligen Lebensraum.

Die kleinsten Mitarbeiter sind seit einigen Jahren gezielt platzierte Bienenvölker, die auch im Wald, in dem 90 Prozent aller Pflanzenarten sich nur durch Bestäubung fortpflanzen, ihren unschätzbar wichtigen Beitrag leisten.

Eine weitere Aufgabe der knapp 2.600 Beschäftigten ist die Instandhaltung von Wegen. Abgesehen von Forstfahrzeugen dienen diese Wege dem Zugang für Erholungssuchende. Den Umkehrschluss kann man sich ja denken: Abseits der Wege sollte man nicht unbedingt durch den Wald steigen, da gerade erst aufkeimende Pflanzen und Kleinsttiere dort leben, wo Sie hintreten.

1 — Im Namen des Gleichgewichts: Spätschicht am Berg

2 — Freie Mitarbeiterinnen: Imkerin und ihre Bienen

ONLINESHOP: WILDFLEISCH, GEWEIH, BRENNHOLZ

Wie schon erwähnt, die *Bayerischen Staatsforsten* haben Jägerinnen und Jäger in ihren Reihen und so fällt Wildbret an. Das Fleisch, welches von den *Staatsforsten* erworben werden kann, ist umfassend geprüft und Sie können sicher gehen, dass nur einwandfreies Fleisch verkauft wird. Ebenfalls können Sie abgelagertes Brennholz beziehen oder Geweihenden, sogenannte Abwurfstangen erwerben. Da lebende Tiere diese zwischen Februar und April aber einzeln abwerfen, erhalten Sie nicht unbedingt ein Paar. Das sollten Sie in Ihrem Deko-Konzept erwägen.

Alle Produkte: baysf-waldshop.de

WANDERUNG: WALDERLEBNIS & DER KÄLTESTE SEE MITTELEUROPAS

Am Parkplatz Fürmannalm beginnt die Wanderung, die zuerst über Almwiesen, später auf einem ausgewiesenen Walderlebnispfad, bis zum Frillensee führt. Dieser gilt als der kälteste See Mitteleuropas und weist meist schon im November eine tragfähige Eisschicht auf. Vom See dauert es circa eine dreiviertel Stunde bis zum *Gasthaus Adlgas*, in dem eine gemütliche Einkehr lockt. Über die Angerer/Inzeller Höhe geht es wieder zurück zum Ausgangspunkt der Fürmannalm. Der Frillensee liegt östlich von Inzell.

Info: Suchbegriff „Frillensee“ auf baysf.de

WILDSCHAU & FÜTTERUNG, FORSTENRIED

Schaufütterungen von Dam-, Rot- und Schwarzwild. In den ehemaligen Jagdrevieren der Wittelsbacher, südlich von München im *Forstenrieder Park*, finden am Freitag und am Samstag Schaufütterungen statt. Sollten Sie auf eine Gruppe mit Jungtieren stoßen, halten Sie besonderen Abstand. Ihren Hund sollten Sie nicht mit zur Fütterung und Beobachtung nehmen.

www.baysf.de/forstenried

WILDSCHWEINE & WILD, EBERSBERGER FORST

Eine der Hauptattraktionen des Ebersberger Forstes ist die *Hohenlinder Sauschütt*, ein Ausflugsort für die ganze Familie. In drei Schaugattern leben Rot-, Dam- und Schwarzwild. Sie erleben die Tiere in ihrem natürlichen Lebensraum und oft hautnah. Für den Fall, dass die Tiere einmal in weiterer Ferne ruhen, wird empfohlen, ein Fernglas mitzunehmen. Öffentlich erreicht man die Sauschütt mit dem Bus 445 oder 4460 ab Bahnhof Ebersberg.

www.baysf.de/sauschuett

GÄMSEN BEOBACHTEN, WALLBERG

Den bayerischen Gämsen geht es gut. So gut, dass sie einzeln oder auch in großen Gruppen vorkommen. Unter anderem am Aussichtspunkt am Wallberg. Große Gruppen, bestehend aus Geißen und Kitzen, nennt man Scharl. Gamsböcke sind meist Einzelgänger. Was Sie mitbringen sollten: Die Fähigkeit zur Ruhe, „Tarnkleidung" und ein Fernglas. Die Faszination eine einzelne Gams oder auch mehrere Gämsen klettern zu sehen ist atemberaubend. Allerdings ist auch die Uhrzeit, zwischen 5 und 7:30 Uhr, atemberaubend. Da sind die Tiere am aktivsten. Also, Quartier in der Nähe buchen.

gams-erleben.de

TANNENHÜTTE MIT AUSSICHT

Eine Bergwanderung, die auch bei Einheimischen schon immer beliebt war und ist. Hoch auf dem Wank genießt man, im Winter wie im Sommer, von der Terrasse der Tannenhütte den Blick auf Garmisch-Partenkirchen und darüber, majestätisch thronend, Zugspitze, Alpspitze und den gesamten Jubiläumsgrat. Hier eine Hütte mit diesem Blick stehen zu haben, war schon ein Traum von *König Ludwig II.* und dieser wurde 2018 von den *Bayerischen Staatsforsten* aus heimischem Tannenholz realisiert.

täglich von 10 bis 18 Uhr geöffnet, Montags ist Ruhetag, tannenhütte.de

Katrin Habenschaden

RESPEKTVOLLES MITEINANDER MIT NATUR UND EINHEIMISCHEN

Sie liebt das Stadtleben, die Restaurants, Museen, das Gefühl, den Puls der Großstadt zu spüren – und ist so eine ganz typische Münchnerin. Aus Nürnberg vor über 20 Jahren zugezogen, gründete sie in München eine Familie und lebt mit ihrem Ehemann und ihren beiden Teenager-Kids am Stadtrand in Aubing.

Katrin Habenschaden ist auch insofern eine typische Münchnerin, als dass sie die geografische Lage, mit ihrer Nähe zu den Alpen ganz besonders schätzt. Sobald es ihre Zeit zulässt, steigt sie in den Zug Richtung Berge. „Meine Energie und gleichzeitig meine Entspannung finde ich ganz besonders beim Bergsteigen. Da kann ich meinen Sportlehrer-Papa einfach nicht verleugnen", sagt die 43-jährige Grünen-Politikerin, die seit Mai 2020 Münchens zweite Bürgermeisterin ist. Besonders das Allgäu hat es ihr angetan.

Als studierte Betriebswirtin und Geschäftskundenberaterin einer Bank kennt sie sich natürlich mit den ökonomischen Aspekten des Tourismus aus. Ihre wahre Leidenschaft war aber immer schon die Natur. Deshalb ging sie zu den Grünen, und deshalb entschied sie sich, noch eine Ausbildung zur Wald- und Wildnis-Pädagogin zu absolvieren. „Mein Bewusstsein für die Zerbrechlichkeit unserer Umwelt und Ökosysteme ist dadurch nochmal gewachsen."

Diese Erkenntnis spiegelt sich auch in ihrer Politik. Katrin will dazu beitragen, Tourismus und Alpinismus auf der einen Seite und Naturschutz und Rücksicht auf die Einheimischen auf der anderen Seite in Einklang zu bringen. Deshalb unterstützt sie als Bürgermeisterin den Bergbus des Alpenvereins und bemüht sich um ein gutes Verhältnis zwischen den Oberland-Gemeinden und den Münchner Berg-Touristinnen und Touristen. „Die Alpen sind ein Schatz, mit dem wir respektvoll umgehen müssen, damit auch unsere Enkelkinder noch in den Genuss dieser spektakulären Natur kommen", sagt Katrin – so fanden wir es interessant zu erfahren, wie aber auch wohin Katrin am liebsten fährt.

WEB
katrin-habenschaden.de

INSTAGRAM
@katrinhabenschaden

„Für mich geht es fast immer mit dem Zug in die Berge, damit spare ich mir die (gerade an schönen Tagen oft stressige) Autofahrt und Parkplatzsuche und die Erholung startet schon mit der Fahrt."

TOURISMUS & RÜCKSICHT IM EINKLANG

HÖHENWEG AURACHER KÖPFERL, LEITNER NASE UND HOHENWALDECK

Hier ist der Weg das Ziel. Nach Start am Bahnhof Fischbachau betritt man unmittelbar einen Märchenwald, bevor nach teils forderndem Höhenweg die romantische *Burgruine Hohenwaldeck* in Sicht kommt. Rückfahrt von den Bahnhöfen Schliersee oder Fischhausen-Neuhaus möglich.

DREIGIPFELTOUR HUBERSPITZ, GINDELALM & BAUMGARTEN-SCHNEID

Genusswanderung mit Lerneffekt! Ausstieg am *Bahnhof Hausham*, weiter über den *Naturlehrpfad Huberspitz* gen Gindelalmen inklusive selbstgemachter Buttermilch! Weiter geht's zur *Baumgartenschneid* mit Blick auf den Tegernsee. Heimfahrt mit dem Zug dann von Tegernsee oder Schliersee.

HÖRNLE-ÜBERSCHREITUNG

In Unterammergau starten Sie auf den Gipfel des Mittleren Hörnle. Jetzt kann man das Panorama – bei guter Sicht bis München – genießen. Weiter geht es entweder über das Vordere Hörnle oder zur Hörnlehütte, hier wartet die Stärkung. Zurück fährt stündlich ein Zug ab Bad Kohlgrub.

IMMENSTÄDTER HORN ÜBER DIE KANZEL

Auch das Allgäu ist gut mit dem Zug erreichbar. Eine meiner Lieblingstouren führt auf das Immenstädter Horn, die Tour ist abwechslungsreich und stellenweise auch etwas steiler. Einkehrmöglichkeiten gibt es einige und auch die Möglichkeit eines Sprungs in den Alpsee.

Drax-Mühle

1

ADRESSE Hochhaus 5, 83562 Rechtmehring — **T** 08072 827 6
IG @draxmuehle — **WEB** drax-muehle.de

Dreißig Mehlsorten, darunter alte Getreidesorten, sämtlich bio, alle aus der Umgebung (50 km), geprüft im eigenen Labor und durch unabhängige Institutionen, nachvollziehbar bis aufs Feld. Das Versprechen der *Drax-Mühle*: Naturnaher Genuss vom Feinsten.

Die Müllermeisterin Monika Drax führt die Mühle, die seit 1912 *Drax-Mühle* heißt. Einen traditionellen Familienbetrieb zu führen, bedarf einer Vision und diese hat Monika Drax entwickelt: Ihr Mehl soll nach wie vor von handgemachter Qualität, vielfältig und gesund sein. Das Wort „nachhaltig" zieht sich wie ein roter Faden durch diese Vision.

Sie überzeugte Landwirte, ihre eigenen Mitarbeiter und schließlich ihre Kunden von dieser Vision. Seit 1996 werden Mehle bio hergestellt. Ein Umbau 2016 brachte den Wechsel zu energie-effizienteren Maschinen und dennoch oder gerade deswegen: Das Wasserrad der Mühle wurde, nachdem es gut 70 Jahre durch eine Turbine ersetzt worden war, wieder in Betrieb genommen.

Einer, der von hier bezieht, ist der Münchner Bäckermeister Julius Brantner (siehe: München – Handgemachte Qualität, Seite 88/89), der mit Monika Drax seine Mehlmischungen kreiert hat.

Die Selbstvermarktung ist ein weiterer Teil der Vision. So wurde ein Online Shop aufgebaut und der Mühlenladen ausgebaut. Circa 3.000 Wohlfühl- und Genussprodukte gruppieren sich um die Stars in Sortiment: Dreißig Mehlsorten.

FEINSTES
DINKELME
25 kg netto
Type 630
URKORN DINKEL

DRAX-MÜHLE

Diese Elli - Zum Kirchenwirt

2

ADRESSE Högerstraße 2, 85646 Anzing — **T** 0172 839 71 80
IG @dieseelli — **WEB** diese-elli.de | zum-kirchenwirt.de

Diese Elli und der *Kirchenwirt* – ein Gesamtkonzept in Anzing, welches uns so noch nicht untergekommen ist: Barbara Stadler ist Modeschöpferin des Labels *Diese Elli*, Wirtin und extrem auf Zack. Schon in der ersten Woche der Corona-Krise schätzte Barbara das Ausmaß dessen, was da kommen würde, richtig ein und begriff die Krise als Chance. Sogleich wurde ein Drive-In Häuserl errichtet. So viel zu Barbaras Spirit.

Der Gasthof *Zum Kirchenwirt* ist Begegnungsstätte für Generationen, gemütliches Lokal mit Bier vom Fass von der Privatbrauerei Schweiger und einer typisch bayerischen Speisenkarte. Zudem gibt es liebevoll eingerichtete Hotelzimmer und im Sommer einen Biergarten. Die Gaststuben sind auch gleich Ausstellungsräume für Wohn-Accessoires, die sich ins Bild der Stuben einfügen und die man gleich hier kaufen kann. Im selben Gebäude ist auch das Atelier des Mode-Labels *Diese Elli* untergebracht.

Das Damen Mode-Label *Diese Elli* fertigt Kleider, Röcke, Schmeichler, Tücher und repräsentiert „feschen, bayerischen Lifestyle". Einen Ersteindruck verschafft sich die geneigte Leserin am besten auf Instagram oder, highly recommended, direkt vor Ort!

Holz-Liebling

3

ADRESSE Dorfstraße 2, 85643 Steinhöring — **T** 0152 058 364 70
IG @holzliebling — **WEB** holz-liebling.de

Ambitionierte Köchinnen und Köche kennen das: Nachdem man unzählige günstige Küchenschneidebretter verschlissen hat, diese nicht mehr ansehnlich oder gar gewölbt waren, möchte man sich etwas richtig Gutes als Arbeitsunterlage gönnen. Eines, das ansehnlich bleibt, das die eigene Körpergröße und ideale Arbeitshöhe angleicht oder dessen Holz-Typ und -Farbe zum Rest der Küchenoberflächen passt.

Holz-Liebling bietet genau das und mehr. Über hundert Varianten enthält das Sortiment und dennoch gibt es immer Kundinnen und Kunden mit Extrawünschen: So ist jedes zehnte „Brett“ eine Sonderanfertigung. Auf die Wünsche von Kunden gehen Marlen und Marco Heckler gerne ein. Anschauen und fühlen kann man deren Produkte auch. Man darf sich lediglich nicht daran stören, dass während der Produktschau in der Werkstatt weitergearbeitet wird.

Wer in Sachen Schneide-, Abdeck- oder Rollbretter aufs nächste Level möchte: Kurz anrufen und zu den üblichen Einkaufstagen nach Steinhöring, unweit von Ebersberg, fahren.

Westerberger Fullblood

4

ADRESSE Westerberg 26, 83550 Emmering — **T** 0172 846 67 75
IG @westerberger.wagyu — **WEB** westerberger-fullblood.de

Manchmal geht es ums große Ganze. Wenn Franz Kirchner sagt, er möchte Fleisch produzieren, „das einen dazu verführt, den Traum von einem anderen Umgang mit der Umwelt umzusetzen“, dann meint er es ernst, ganz einfach. Deshalb grasen auf seinem 85 Hektar großen Westerberger Weideland 220 schwarze Rinder. Sie strahlen Ruhe aus, ihr Fell glänzt seidig und die Ohrwaschel sind oval gerundet. Ursrünglich kommen sie aus Japan, da heißen sie *Wagyu*.

Das Fleisch der *Wagyus*, fein mit Fettäderchen marmoriert, saftig, aromatisch und zart – eine Geschmacksexplosion. Bis dahin ist es aber ein weiter Weg, der bei Kirchner gekennzeichnet ist von einer unheimlichen Wertschätzung vor dem Lebewesen. Dazu gehört die Aufzucht im natürlichen Herdenverband. Erst als Milchkalb, dann als grasendes *Fullblood Wagyu Rind* auf ökologischen Weiden ohne Kraftfutterzusatz. Das Fleisch braucht Zeit zu reifen, vier Jahre auf der Weide, mindestens, ehe es in der eigenen Manufaktur verarbeitet wird. Kennerinnen und Kenner sehen, fühlen, riechen und schmecken den Unterschied.

Die Qualität ist hoch, weggeworfen wird nichts. Auch seltene Cuts wie Bauchlappen, flache Rippe oder Beinscheiben werden verwendet. Man muss sie nur richtig zubereiten. Der Rest ist: Genuss pur – mit Aromen von *Westerberger Weiden*.

Zeitraum

5

ADRESSE Äußere Münchner Straße 2, 82515 Wolfratshausen — **T** 08171 418 130
IG @zeitraum_furniture — **WEB** zeitraum-moebel.de

Die Wolfratshausener Manufaktur *Zeitraum Möbel* ist eine Pionierin. Bereits seit Beginn der 90er Jahre wurde hier eine Philosophie manifestiert, die zeitgemäßer denn je ist: Funktionales, minimalistisches Design gepaart mit einem ökologischen Material- und Herstellungsansatz. So wurde bei *Zeitraum* schon Nachhaltigkeit gelebt, bevor dieser Begriff in aller Munde war. Im Design setzt man auf eine Mischung aus renommierten internen und externen Designerinnen und Designern und Studios. Die Fertigung findet in mittelständischen Betrieben statt, die im erweiterten Umkreis von Wolfratshausen liegen. Heute mag man den Design-Stil als skandinavisch oder Bauhaus-inspiriert bezeichnen. Ob man nun privat ein paar Stücke oder als Büro, Café oder Laden sich die gesamte Einrichtung bei *Zeitraum* Möbel bestellen und planen lassen möchte: Nicht zuletzt dank entsprechender Zertifizierungen weiß man, dass man bei *Zeitraum* Möbel erwirbt, die jahrzehntelang attraktiv und funktional bleiben. Aber sehen Sie selbst: Am Freitag und Samstag ist der Showroom geöffnet.

MAKER

ZEITRAUM

WOLFRATSHAUSEN

Rohi / 13Rugs

6

ADRESSE Schoenlinderstraße 1, 82538 Geretsried — **T** 08171 935 40
IG @rohi_textiles | @13rugs — **WEB** rohi.com | 13rugs.com

rohi ist ein *Hidden Champion*: als mittelständisches Familienunternehmen, im bayerischen Voralpenland ansässig, entwickelt und fertigt die Weberei in erster Linie Textilien zum Daraufsitzen: für Stühle und Sofas namhafter Möbelmarken, öffentliche Gebäude wie Konzertsäle und Hotels und die Kabinen internationaler Fluglinien. Neben zeitlosen Klassikern steht *rohi* für individualisiertes Design: Farben, Muster, Haptik der Stoffe werden gemeinsam mit den Kunden entwickelt (siehe: *Makers Bible Human Space*).

Dabei setzen die rohis aus voller Überzeugung auf Schafwolle. Aus guten Gründen: Wolle kann bis zu 33% Feuchtigkeit aufnehmen, ohne sich feucht anzufühlen, ist schmutzunempfindlich, antistatisch, schwer entflammbar, fühlt sich gut an und ist nachwachsend und natürlich.

Da beim Weben der Stoffe hochwertige Produktionsüberschüsse entstehen, kam die Idee für das Upcycling Produkt 13RUGS: individuelle, stylishe Teppiche, gefertigt aus Webkanten in feinster Schurwolle. Heute haben sich die Kreationen in gehobenen Hotels und Einrichtungshäusern etabliert. Händler und Referenzen in Ihrer Nähe nennt die Firma *rohi* – oder sie schauen in der Nähe mal bei *.Peam* (siehe Seite 38) in Starnberg vorbei.

Klarinettenbau Dörfler

7

ADRESSE Ammerseeweg 7, 82538 Geretsried — **T** 08171 312 69
IG @klarinettenmanufaktur — **WEB** holzblasinstrumentenbau.de

Angelika Dörfler leitet die Klarinetten-Manufaktur & Meisterwerkstatt für Holzblasinstrumente in Geretsried, wo sie 1951 vom Großvater Hans Klier gegründet wurde. Firmen-Namensgeber Roland Dörfler führte das Handwerk fort und gab es an Tochter Angelika weiter, auch wenn er nach wie vor an den hauseigenen Klarinetten mitarbeitet und technische Details neu erfindet.

Die Besonderheit einer *Dörfler-Klarinette*: Für den gesamten Bau wird Grenadill-Holz, für den Becher Cocobolo-Holz genutzt. Beide Arten sind so dicht in ihrer Struktur, dass sie nicht schwimmen würden. Es soll Nachahmer geben, die Teakholz-Stuhlbeine zu Klarinetten drechseln – die klingen dann aber auch so. Frau Dörfler benötigt zwischen 90 und 120 Stunden für die Herstellung einer Klarinette.

Im angeschlossenen *Musikhaus Dörfler* kann man die Produkte des Hauses, aber auch Klarinetten anderer Hersteller, anfassen und testen. Das gilt auch für Flöten und Saxophone. Neben Noten, Ständern für selbige, technischem Zubehör und Pflegemittel werden auch Reparatur und Restaurierung im Haus angeboten.

Werkvoll

8

ADRESSE Kloiberweg 16, 82541 Münsing — **T** 08177 769 404 7
IG @werkvoll.by.lena.peter — **WEB** werkvoll-designshop.de

Manchmal reicht nur ein Wort und schon beginnt das Kopf selbiges mit Inhalt zu füllen. *Werkvoll* heißt der Einfraubetrieb von Lena Peter und dahinter verbergen sich ihre besonderen Unikate *Handmade in Bavaria*. Die studierte Designerin produziert nicht nur fair, sondern sie denkt vor allem nachhaltig. Ihre Produkte sind langlebig und durchdacht, Nützliches wird mit modernem Design verbunden. Dabei verwandelt Lena alltägliche Dinge zu unverwechselbaren Unikaten. So werden alte Feuerlöscher und Gasflaschen in ihrer *Fire Kollektion* schon mal umfunktioniert zu Lampen, Kerzenständern, Blumenvasen oder Spardosen. Dabei schneidet und fräst, sägt und schleift sie ihre Produkte in der hauseigenen Werkstatt. Kurze Wege, wenig CO_2 – das ist ökologisch.

Ihre Rohmaterialien bekommt sie von regionalen Manufakturen aus dem nahen Umkreis. Daraus entstehen dann ihre Designerstücke. Auch Farbe, persönliche Texte oder Firmenlogos lassen sich auf Wunsch einprägen. Wer Dinge ins rechte Licht rücken möchte, mit dem entwickelt Lena ein eigenes Beleuchtungskonzept, egal, ob private oder gewerbliche Räume gestaltet werden sollen. Eins aber ist immer klar: Aus Abfallprodukten entsteht zeitloses Design. *Einfach werkvoll.*

Bootsbauhandwerk

9

ADRESSE Kustermannstraße 8, 82327 Tutzing — **T** 08158 344 6
WEB bootsbauhandwerk.de

Thomas Kohlschowsky baut und restauriert Boote aus Holz am Starnberger See. Dabei bildet er Bootsbauer aus und so mancher Kreutzer, Pirat oder Lugger, ein segelbares Holzboot, wird in seiner Werft in fachmännischer Handarbeit wieder seetüchtig gemacht.

Der Segler Kohlschowsky designed und baut die Segelyacht *Galaxy*, ein funktionaler, schneller und bei allen Windverhältnissen einfach zu segelnder *Daysailor* aus Holz, der durch die Abschottung und Lufttanks im Vorschiff zudem unsinkbar ist. Drei Stück sind bisher auf Bestellung gebaut worden. Keines gleicht dem anderen, da Kohlschowsky auf die individuellen Wünsche seiner Kundinnen und Kunden eingeht.

Mehr denn je in die heutige Zeit passt das neu entwickelte Elektroboot *Lario 580*. Es bietet eine „kommunikative und chillige Sitzgruppe, die sich mit wenigen Handgriffen in eine Liegefläche verwandeln lässt." Der Rumpf ist aus einer Mahagoni–GFK Kombination gebaut, das Innenleben ist aus heimischen Hölzern. Der flüsterleise Elektromotor neuester Generation sorgt für geschmeidige 19km/h Gleitgeschwindigkeit.

Unser Dorfbräu

10

ADRESSE Flurweg 11, 82402 Seeshaupt — **T** 0176 435 071 88
IG @unserdorfbraeu — **WEB** unserdorfbraeu.de

Unser Dorfbräu aus Seeshaupt am südlichen Ufer des Starnberger Sees ist aus gelebter Leidenschaft entstanden. Natürlich aus Leidenschaft fürs Bier, welche alle vier Gründer der jungen Brauerei teilen. Aber auch aus Freundschaft zueinander und aus Verbundenheit zur Heimatgemeinde – so drückt sich das Gemeinschaftsgefühl schon am Anfang des Markennamens aus.

Bierkennerinnen und Bierkenner schmecken den Unterschied zwischen einem Industriebier und einem handwerklich, in kleinen Mengen produziertem. Brauer Moritz bringt bald zwei Jahrzehnte Brau-Erfahrung mit und gibt nur das Feinste in den Kessel. Klaus, Berni und Tizian sind ebenfalls gestandene Profis und haben die Finanzen und den Betrieb, Marketing und Vertrieb im Blick.

Und wie schmeckt jetzt ein handwerkliches Heimatbier? Optisch ist das Helle leicht perlend und ein bisschen bernsteinfarbener als blond, der Schaum an der Oberlippe kompakter und dann ... Schließt man die Augen, und „sieht" klare Bäche, kühle Wälder, Freunde. Es sind harmonische Eindrücke, die ein gutes Bier beim Genuss in den Kopf zaubern.

Schreinermeisterei

11

ADRESSE Drößlinger Straße 17, 82346 Andechs — **T** 08152 927 873 4
IG @schreinermeisterei — **WEB** schreinermeisterei.info

Am Anfang steht immer eine Idee. Und im Falle der *Schreinermeisterei* entstand diese Idee fast zufällig vor über 15 Jahren im Münchner Westen, genauer gesagt in Pasing. Hier wuchsen zwei der drei Gründer der heutigen *Schreinermeisterei* GmbH auf. Zwischen Jannis Hirschmann und Clemens Eberhardt entwickelt sich schnell eine gute Freundschaft. Mit der Zeit teilen sie nicht nur das Viertel und die Liebe zu den Bergen, sondern auch die gemeinsame Leidenschaft zum Schreinerhandwerk. Und wieder ist da eine Idee. Mit der Gründung der *Schreinermeisterei GbR* im Jahr 2017 verwirklichen sich die beiden Freunde ihren Traum, gemeinsam mit dem Kunden individuelle Raumkonzepte und Möbelstücke für höchste Ansprüche und optimale Funktionalität zu entwickeln, zu planen und zu erschaffen. Die Verbindung von traditionellem Schreinerhandwerk mit einer modernen und schlichten Designsprache.

Es folgen dreieinhalb Jahre *Schreinermeisterei* auf Giesings Höhen. In dieser Zeit arbeiten Jannis Hirschmann und Clemens Eberhardt Seite an Seite mit dem selbstständigen Schreiner Maximilian Maltz. Aus gegenseitiger beruflicher Anerkennung wird Freundschaft. Aus zwei Gründern werden drei. Aus der *Schreinermeisterei GbR* wird die *Schreinermeisterei GmbH*.

Zeit für eine weitere zukunftsweisende Idee. Raus aus München, den geliebten Bergen ein Stück näher. Willkommen in Andechs. Zurück in den Westen, zurück zu den Wurzeln. Denn Ideen brauchen Platz.

OTTOLENGHI

Tony's Munich

12

ADRESSE Frechenseeweg 3, 82402 Seeshaupt (Kein Ladengeschäft) — **T** 0178 833 19 19
IG @tonysmunich — **WEB** tonysmunich.de

Naturbelassen, wenig Abfall, minimaler Einsatz von maschineller Hilfe, keine überflüssige Chemie. Das steht für Toni Leis und sein Label *Tony's Munich* fest. Hinzu kommen beste Ausgangsmaterialien, eine irre Leidenschaft und sein Know-how in Sachen ehrlicher Handarbeit. Das Vollleder für seine Produkte stammt von Gerbereien in Deutschland und ist selbstverständlich vegetabil gegerbt und bei Bedarf gefärbt. Toni vernäht jede Naht per Hand und veredelt seine Designs mit Ölen und Wachsen. Er fertigt gänzlich ohne eingeklebte Verstärkungen, Schaumstofffütterungen und Kaschierungen. „Jedes Stück ist faktisch ein Unikat, keine Haut gleicht der anderen. Meine Produkte werden zu den euren, leben mit euch, erzählen Geschichten über euch und werden schöner, je öfter sie mit auf die Reise genommen werden." So offenbart sich der Charakter seiner Taschen und Gürtel und der „rohe Look" seiner Werkstücke.

Sein Erfahrungsschatz kommt aus über 20 Jahren Arbeit in der Accessoires- und Lederwarenbranche, von Reisen über Kontinente und Bekanntschaften zu vielen Handwerkern und Firmen. Dieser Austausch mit Gleichgesinnten manifestiert sich in dem wofür er steht: Handwerklich hergestellte Produkte aus besten Materialien mit individuellem Charakter, gemacht für die Ewigkeit ohne Mensch oder Tier auszunutzen. Kein vorne hui und hinten pfui. *Einfach unverfälscht und ehrlich.*

Maloja Pushbikers

1

ADRESSE Rosenheimer Straße 27, 83607 Holzkirchen — **T** 0151 453 616 12
IG @pushbikersshop — **WEB** pushbikers.com

Der *Maloja Pushbikers Showroom* in Holzkirchen ist Headquarter, Bike Shop und Café in einem. Christian Grasmann, Ex-Rad Profi, Initiator und Manager des *Maloja Pushbikers* UCI Rennrad- und MTB Teams hat sich mit dem *Showroom* einen kleinen Traum erfüllt: Eine physische Heimat für die Pushbikers, deren Freunde und Unterstützer. Einen Ort, an dem Radsport mit großer Leidenschaft gelebt wird. Wo Teamfahrer und Teamfahrerinnen regelmäßig ein- und ausgehen, Ideen gesponnen und Rennsaisons geplant werden. Wo sich die *Pushbikers Community* für gemeinsame Ausfahrten trifft. Wo man sich über Themen wie Ernährung, Fitness und Reparatur informieren und austauschen kann. Wo man unter Freundinnen und Freunden bei einem Espresso fachsimpeln kann. Und wo man das gleiche Material kaufen kann, mit dem die Rad-Profis der *Pushbikers* weltweit auf Rennen unterwegs sind: Carbon Rennräder und Mountainbikes von *Wiawis*, Bekleidung von *Maloja*, Sättel von *SQLab*, Helme von *Abus* und vieles mehr.

Untergebracht ist der *Showroom* in einer alten LKW-Werkstatt. Das Ambiente ist heimelig, unperfekt, cool. Durch die vielen Vintage Möbel fühlt man sich eher wie in einem Wohnzimmer daheim bei Freunden, als in einem Radladen. Und genauso wird man auch empfangen.

Geöffnet ist immer mittwochs und donnerstags von 15 bis 19 Uhr, freitags von 9 bis 12 Uhr und 15 bis 19 Uhr sowie samstags von 10 bis 15 Uhr.

.PEAM

2

ADRESSE Söckinger Straße 1, 82319 Starnberg — **T** 08151 979 197 7
IG @peam_design — **WEB** peam-design.de

Wenn man „den Laden" von *.Peam Design* in einem der ältesten Häuser Starnbergs betritt, hat man sofort das Gefühl als besuche man jemanden mit Stil und Design-Verstand zu Hause. Alles passt hier zueinander. Es wirkt keinesfalls überfrachtet und stellt eine Kombination an Möbeln, Accessoires und Farben dar, welche die wesentlichen Sinne anspricht: Ästhetik und Stimmigkeit der Dinge zueinander, weiche, glatte, glänzende und matte Oberflächen natürlicher Materialien, ein feiner Duft nach Leder und Holz.

Dabei betritt man den Showroom eines Gestaltungsbüros, dem von Andrea Harbeck. Sie ist studierte Designerin und erfolgreiche Inneneinrichterin. Ihr Erfolgsrezept: Neben Einfühlungsvermögen und Geschmackssicherheit ist Andrea vor allem offen. Egal ob auf Reisen, auf Messen oder im Internet, ihr Radar für Neues ist immer an. All diese gesammelten Eindrücke fließen in die von ihr selbst entworfenen Möbel und Accessoires, die sie von Manufakturen, beispielsweise in Südtirol oder in Bayern, exklusiv herstellen lässt. Denn Andrea Harbeck sucht nicht das Fertige, sondern vielmehr die Menschen, die ihr bei der Fertigung der eigenen Entwürfe für ihre Kunden helfen.

.PEAM
.PEAM
.INTERIOR .KONZEPTE

TIPP

AUSFLÜGE AUF DEM WASSER

Vom Wasser aus entdeckt man langsam und aus anderer Perspektive. Hier ein paar Ausflüge, die immer etwas Besonderes bieten. Auch hier gilt, wie bei allen Tipps dieses Buches: Nutzen Sie unsere Angaben – aber auch Ihr Smartphone.

STARNBERGER SEE

Bei Vollmond oder in Sternschnuppennächten auf den See. Auch tagsüber: Segel- oder Motorboot mieten in Tutzing. Hier kann man auch den Segel- oder Motorbootschein machen. Ein Fischgeschäft auf dem Gelände und der Midgardhaus Biergarten in der Nähe.
segelschule-tutzing.de/bootsverleih-events

LOISACH

In Farchant Kanu oder Kajak mieten, am Kochelsee auf dem Campingplatz übernachten und am nächsten Tag wieder einsammeln lassen. Wer kein Zelt hat kann dies auch als Ein-Tagestrip planen. (Kombinierbar mit Seite 152)
ww-gap.com

ALZ

Von der Mündung am Chiemsee flußabwärts mit dem Kanu die urwüchsige Flusslandschaft der Alz entdecken. Wer Lust hat kann unterwegs eine spritzige Bootsrutsche ausprobieren, sich an kleinere Stromschnellen herantasten oder mittels eines „Tarzanseiles" in den Fluss schwingen.
parkeroutdoor.com/outdoor-aktionen/kajaktouren-alz

FORGGENSEE

Mit Blick auf Schloss Neuschwanstein im Kanu oder Kanadier den Forggensee paddelnd von der Wasserseite erkunden und den ein oder anderen Badestopp einlegen.
kanu-kini.de

1 GASTHOF ZUM VAAS

Bayerische Seele

Feine Speisen, ausgesuchte Getränke, Wohlfühlatmosphäre. Dann wäre zum Gasthof und Hotel *Zum Vaas* das Wichtigste fast schon gesagt. Ab Mittag ist im Biergarten, im Gasthaus sowie der „Alten Stube" eingedeckt. Regionale, moderne und kreative ländliche Alpenküche wird hier am Nordrand des Ebersberger Forsts serviert. Frisch, handgemacht und auf den Punkt. Dazu vier Sorten Bier, die vielfältige Weinkarte und eine Gastfreundschaft, die man immer wieder erleben möchte. Aber Obacht, montags und dienstags bleibt die Küche kalt.

Münchener Straße 88, 85661 Forstinning,
Tel: 08121 430 91, Web: zum-vaas.de

Limone Kulinarik

2

ADRESSE Burgstraße 21, 85604 Zorneding — **T** 08106 379 921 3
IG @limone_kulinarik — **WEB** limone-kulinarik.de

Ein historischer, alter Gasthof im Dorfkern am Maibaum mit einer herrlichen Sommer Terrasse. Mit dem *limone* im Gasthof Mairsamer haben die Gastgeber Corinna Gilio und Daniel Edenhauser im Juli 2020 begonnen, einen kulinarischen Sehnsuchtsort rund um Südtirol zu gestalten. In der Küche versteht es der Südtiroler Daniel Klassiker wie Eisacktaler Schlutzer, Kaspressknödel und Nocken oder eine Gerstensuppe unverfälscht und auf den Punkt zu servieren.

Wichtig ist ihm traditionelles Handwerk und die Produkte seiner Heimat – Käse, Speck, Wurz'n, Brot, Getreide. Gerne wird im *limone* auch zu einer klassischen Marende geladen. Mit Hingabe zum Detail und manch unerwartet frischer Interpretation von italienischem *Soulfood* verlockt der Küchenchef mit regelmäßig variierenden Themen. Unangefochten bleibt neben all dem die Pizza von Paolo.

Der Keller bietet ehrgeiziges Handwerk besonderer Winzerinnen, Winzer und Weingüter zwischen dem Eisacktal, Bozen und dem Schlern, die Corinna Gilio und ihr Team ihren Gästen gerne auch glasweise zum Verkosten anbieten.

Brauereigasthof Hotel Aying

ADRESSE Zornedinger Straße 2, 85653 Aying — **T** 08095 906 50
IG @brauereigasthof_hotel_aying — **WEB** brauereigasthof-aying.de

Seit 1819 in Familienbesitz, in siebter Generation Gastgeber mit Herz und Leidenschaft und somit nicht nur einen Umweg, sondern auch jeden Ausflug wert. Restaurant, Gasthof, Bräustüberl, Herrenhaus, Troadkasten und eine historische Kegelbahn bilden das Ensemble des *Brauereigasthof Hotel Aying* und verbinden wunderbar echte Tradition und feine bayerische Gastlichkeit.

Im hauseigenen Gemüsegarten sieht man *Küchenchef Tobias Franz* regelmäßig, wenn er für seine saisonalen und regionalen Kreationen die frischen Zutaten pflückt. Der Gast soll merken, wann und wo er speist. Hinzu kommen heimische Produkte aus der eigenen Jagd und von langjährigen Partnern aus der Region, wie zum Beispiel dem *Gutshof Polting* und der *Fischzucht Birnbaum*. Franz geht es um ursprünglichen Genuss und eine achtsame Verwendung. Dass dabei das Handwerkliche nicht zu kurz kommen darf, versteht sich fast von selbst. „Es kommt immer auf das richtige Produkt und dessen Zubereitung an. Dinge, die nicht schmecken, sind im Zweifel nicht richtig gut zubereitet worden", so sein Credo. Zum ausgezeichneten Essen und den Ayinger Bierspezialitäten gesellt sich dann noch hervorragender Wein. Ein besonderes Verwöhnprogramm für Leib und Seele.

4 FORSTHAUS ILKAHÖHE

Kleinod mit Aussicht

Um den Starnberger See von oben zu sehen, muss man ein paar Höhenmeter überwinden. Die *Ilkahöhe* ist aber der perfekte Ort dafür. Hier hat man einen atemberaubenden Blick über den See und das hügelige Voralpenland. Für die Einkehr darf zwischen Restaurant, Terrasse oder Biergarten gewählt werden, allesamt mit hervorragender, saisonaler Tageskarte, erlesenen Weinen und frisch gezapftem Bier. Die Gäste schätzen diese bayerische Mischung aus Genuss und Wohlbefinden, aus Kultur und Gediegenheit. Wir tun es auch.

Oberzeismering 2, 82327 Tutzing, Tel: 08158 8242
Web: restaurant-ilkahoehe.de, IG: @restaurantilkahoehe

5 UNSERE DORFWIRTSCHAFT

Soulfood und Craftbier

Unsere Dorfwirtschaft ist das zeitgeistige Wirtshaus, Restaurant, Boazn, kurz: das zweite Wohnzimmer mitten in Seeshaupt am Starnberger See. Die jungen Wirte wollen „alles" aus unmittelbarer Nähe beziehen, von Eiern und Mehl über Fleisch und Fisch, Gemüse und Obst. Eine der Biersorten kommt aus unmittelbarer Nachbarschaft, von *Unser Dorfbräu* (siehe Seite 33), die nur zwölf Minuten zu Fuß entfernt liegt. *Unsere Dorfwirtschaft* bietet ehrliches, *bayerisches Soulfood* und Craftbier.

Bahnhofstraße 12, 82402 Seeshaupt, Tel: 08801 523 989 5
Web: dorfwirtschaft-seeshaupt.de, IG: @dorfwirtschaft_seeshaupt

TIPP

JUGENDHERBERGEN

Wo kann man sich fühlen als wäre man wieder Kind oder jugendlich? In der Jugendherberge! Wussten Sie, dass Jugendherbergen auch Doppel- und Familienzimmer anbieten? Sie sind verhältnismäßig günstig und absolut kind- und jugendgerecht, zudem zertifiziert barrierefrei.

In diesem Buch haben wir sechs JH abgebildet, welche modern und unter speziellen Themen-Schwerpunkten geführt werden und einen besonders engen Bezug zu ihrem unmittelbaren Umfeld herstellen.

Natürlich geht es untertags auch mal turbulent in einer Jugendherberge zu, dafür herrscht abends Bettruhe. In einer bayerischen Jugendherberge erwartet Sie kein Luxus, dafür aber zuverlässige und nachhaltige Standards. Quasi als das *signature product* einer jeden Jugendherberge gibt es immer noch den Hagebuttentee. Komplettiert wird der Speiseplan durch Gerichte aus vorwiegend lokalen Produkten, teils in Bio-Qualität und vegetarisch.

Info zu Öffnungszeiten, Angeboten und weiteren Häusern in Bayern finden Sie hier: bayern.jugendherberge.de

ZWISCHEN AMMERSEE & BODENSEE

Der schnellste Weg von München an den Bodensee ist die A96. Vorbei an Ammersee, Landsberg am Lech, Memmingen, nach Leutkirch bis an die Bayerische Riviera. Kann man machen. Was dabei verloren geht? Der Reiz. Wie wäre es damit: Die Landschaft, das Schöne, den bayerischen Schwaben beim Schwätzen zuhören, die Weinberge beim Wandern genießen, sich treiben lassen. Denn es sind die kleinen Dinge neben Bilderbuchbauernhöfen und Herzblut in diesem ländlichen Idyll. Im *Allgäuer Bauernmuseum* Land und Leuten nachspüren, ein Stück Käse im *Jamei Laibspeis* in Kempten zur Brotzeit mitnehmen und dann weiterradeln, langsam, zum Forggensee. Verweilen. Bleiben. Etwa in der *Füssener Jugendherberge* im feudalen Zweibettzimmer. Angestaubt ist hier nämlich längst nichts mehr.

LECHAUFWÄRTS IN DEN SÜDEN
Ammersee

GRÜNE HÜGEL UND MILCHSTRASSEN
Allgäu

DIE BAYERISCHE RIVIERA
Bodensee

ZWISCHEN AMMERSEE UND BODENSEE

INDIVIDUELLE ZIELE, WEIT GESTECKT

M

MAKER

13 Funk Optik
Kinsau

14 Sirch Rodelschlitten
Böhen

15 Out for Space | Karuun
Kißlegg

16 Gerberei Kolesch
Biberach

17 Kettnaker Möbelmanufaktur
Dürmentingen

18 Robin Caps
Hergensweiler

19 Alexander von Bronewski
Lindau

20 Teresa Deufel Bio Weingut
Lindau

21 Purschwarz Kaffeerösterei
Wiggensbach

22 Jamei Laibspeis
Kempten

23 Konvoi Snowboards
Waltenhofen

24 Christoph Finkel
Bad Hindelang

H

HÄNDLER

3 Von Brokk
Landsberg am Lech

4 Gut & Schön
Rott

5 Bergfischzucht
Blaichach

6 Seil Marschall
Ravensburg

7 Bodenseefischerei Boesenecker
Kressbronn

G

GASTGEBER

6 Goldener Apfel
Apfeldorf

7 Hopfengut № 20
Tettnang

8 Biohotel Walserstuba
Riezlern

U

UNTERKUNFT

1 Jugendherberge Füssen
Füssen

2 Ansitz Hohenegg
Grünenbach

3 Schlossanger Alp
Pfronten

4 Baumhaushotel Allgäu
Betzigau

5 Das Rosso
Altusried

6 Haus am See
Nonnenhorn

7 Alpenloge
Scheffau

8 Das Burghotel Falkenstein
Pfronten

9 Jugendherberge Lindau
Lindau

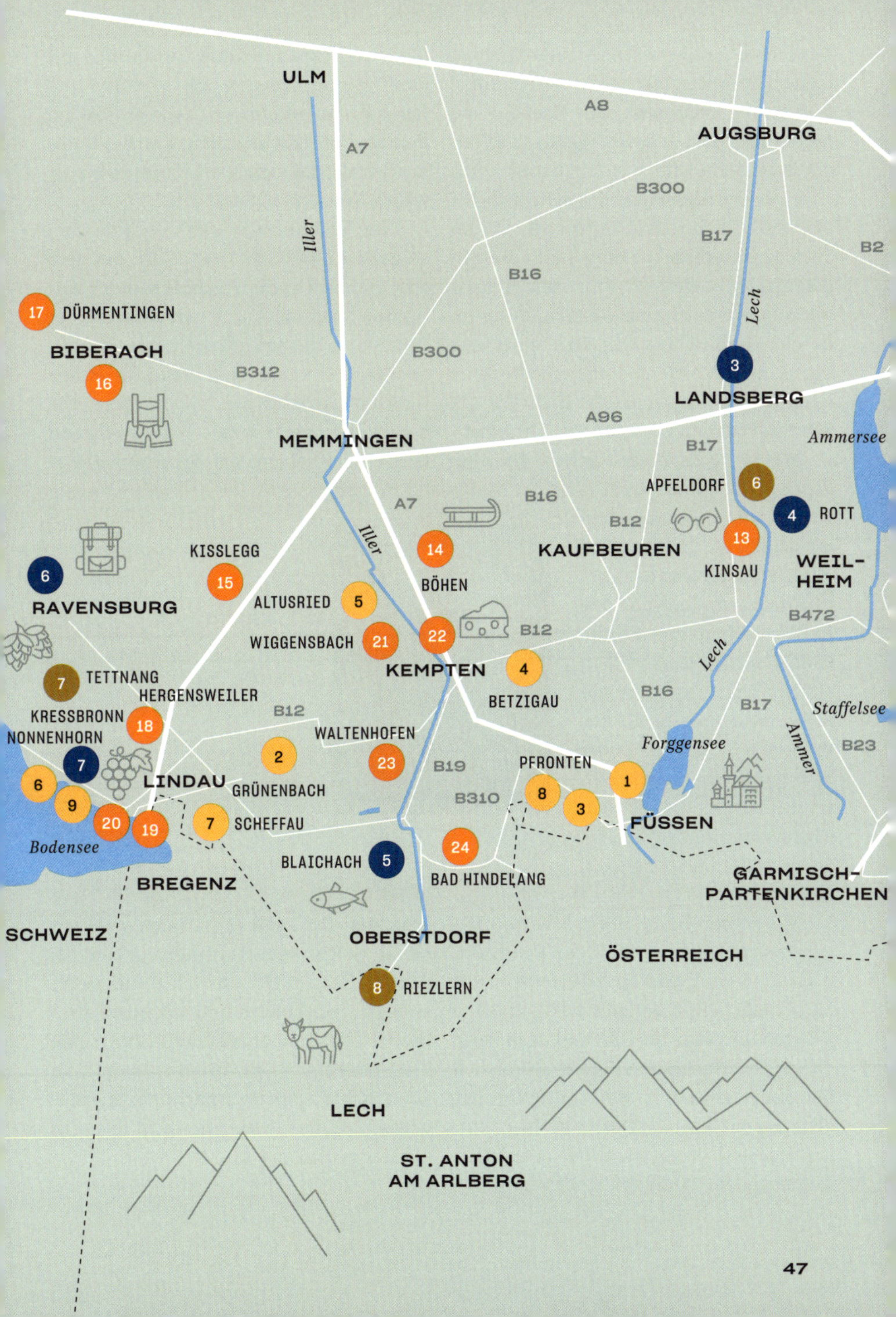

ULM
A8
AUGSBURG
A7
Iller
B300
B17
B2
B16
Lech
17 DÜRMENTINGEN
BIBERACH
16
B312
B300
3
LANDSBERG
A96
MEMMINGEN
Ammersee
B17
APFELDORF
6
A7
B16
B12
4 ROTT
6
Iller
14
13
KISSLEGG
KAUFBEUREN
WEIL-
HEIM
15
KINSAU
BÖHEN
RAVENSBURG
ALTUSRIED
5
B472
WIGGENSBACH
21
22
B12
KEMPTEN
4
Lech
7 TETTNANG
HERGENSWEILER
BETZIGAU
B16
B17
Staffelsee
KRESSBRONN
18
B12
NONNENHORN
WALTENHOFEN
Forggensee
B23
7
2
23
B19
PFRONTEN
Ammer
1
6
LINDAU
GRÜNENBACH
8
9
B310
3
20
19
7 SCHEFFAU
FÜSSEN
Bodensee
24
BLAICHACH
5
BREGENZ
BAD HINDELANG
GARMISCH-
PARTENKIRCHEN
SCHWEIZ
OBERSTDORF
ÖSTERREICH
8 RIEZLERN
LECH
ST. ANTON
AM ARLBERG

Michael von Mücke

WO IM VORALPENLAND DIE MUSI SPOID

Das größte Vorbild während seiner Kindheit ist der Großvater. Dieser war Dorfschmied und Bauer. Früh steht für Michael von Mücke fest, dass er einmal genau das Gleiche machen möchte wie sein Großvater.

Er erlernt den Beruf des Schmieds bei Martin Breidenbach in Peiting, der in ihm auch das Interesse für zeitgemäße Metallgestaltung entfesselt. Nach seiner Ausbildung macht er eine Weiterbildung im Bereich Hufbeschlag. Das weckt einerseits die Liebe zu den Pferden, aber andererseits wird ihm auch klar, dass er nicht die Art Schmied werden wird, die sein Opa war.

Michael entscheidet sich an der *Akademie für Gestaltung und Design* der Handwerkskammer in München zu studieren. Im Studium entdeckt er für sich den Prozess des Gestaltens und den Reiz zu experimentieren. Diese Entdeckungsreisen sind bis heute innere Triebfeder und Quelle seines kreativen Schaffens. Dabei bewegen ihn althergebrachtes Kulturgut und dessen Übersetzung ins Zeitgemäße. Sei es in der Musik oder als Gestalter.

Mit seinen Bandkollegen von *Kofelgschroa* musiziert er seit der Kindheit. Zwischen 2012 und 2017 betreibt er das Musik machen in Vollzeit und Tourneen bringen ihn bis in die USA und nach Peru.

Im gestalterischen Bereich dreht sich bei dem gebürtigen Oberammergauer alles um das Thema „Tisch und Tischkultur". Spielerisch entwickelt er neue Ideen und fertigt in handwerklicher Perfektion Möbel, Objekte und Gerät. Zusammen mit den Designerkollegen Lukas Gruber und Jonas Kraus produziert er die Kollektion *Rumms*. Ihr Verkaufsschlager ist ein Nussknacker, der anfänglich von Hand produziert wurde und jetzt in Serie geht.

Um Tischkultur geht es auch bei seinem jüngsten Projekt *Uldri*, bei dem das Thema Landwirtschaft wieder mit ins Spiel kommt. Auf einem alten Hof im Pfaffenwinkel, den er zusammen mit seinem Bruder und dessen Freundin gerade im Kollektiv renoviert, bauen diese eine Landwirtschaft mit Ziegen auf, während er in einem Nebengebäude seine Schmiede mit angrenzender Atelierwohnung errichtet. Dort soll es in naher Zukunft kleine Kulturveranstaltungen geben, bei denen alles am Hof ehrlich Produzierte auf den Tisch kommt und von Musik umrahmt wird. Damit realisiert Michael seine Vision von einem Ort, an dem er seine drei Leidenschaften Design, nachhaltige Landwirtschaft, sowie die Musik zu leben in Einklang bringen kann.

WEB
michaelvonmücke.de
rumms.de
uldri.de
INSTAGRAM
@michaelvonmuecke

WO DIE MUSIK SPIELT, DA LASS DICH NIEDER

1 — In Stahl geschmiedet. Nussknacker *Lukas*
2 — Geölter, roher Stahl und geseiftes Ahornholz. *Tisch No.5*

ZEUGHAUS LINDAU

Das Zeughaus von 1526 hat im Laufe der Zeit die unterschiedlichsten Verwendungszwecke erlebt, vom ursprünglichen Lagerort für Waffen zur Grenzverteidigung über Lazarett, Kaserne, Getreidekammer und Jugendherberge bis hin zur Nutzung als Theater. Das erste Mal bereits 1651. Mit der Gründung des *Förderverein Zeughaus e.V.* im Jahr 1995 entwickelt sich das Zeughaus zur Kultstätte für Kleinkunst. Mein Lieblingskonzertsaal im Bayerischen Voralpenraum, erst recht seit es die neue Anlage gibt.

zeughaus-lindau.de

KULTURKNALL-FESTIVAL

Das Zauberhafte daran ist, dass das Festival jedes Jahr an einem anderen Ort stattfindet. Plätze, die man teils selbst als Einheimische und Einheimischer noch nicht kennt und dadurch neu für sich entdeckt. Mit einem Line-Up von Größen wie *The Notwist* bis Regionale Star´s wie *Gamskampler.*

kulturknall.de

RAUT OAK FEST

Blues Rock Underground Festival, mitten im Blauen Land, auf einer Wiese, die den Namen Raut trägt und auf der eine Eiche steht. Daher stammt nämlich der Name des coolen, alternativen *Raut Oak Festivals.* Nachhaltig ist es auch noch, denn alles ist regional: Der Platz, die Helferinnen und Helfer, das Essen und das Bier. Nur die Bands nicht. Die werden sogar über den großen Teich geflogen und sorgen für einen Deep-Blues-Spirit Made in USA, und das im malerischen Oberland. Yeah!

rautoakfest.com

KREUZTHALER DORFLADEN

Gegründet zur Grundversorgung dieser abgelegenen, wildromantischen Gegend im Westallgäu. Der Laden ist ein reiner Selbstbedienungsladen auf Vertrauensbasis. Besonders sind die regionalen Produkte aus dem Adelegg, wie die Region auch heißt. Dazu zählen Kräuterteemischungen, Käse, Honig, Fruchtaufstriche, Kräutersalze, Sirupe und Liköre sowie verschiedene Spezialitäten aus Ziegen- und Schaffleisch.

Dorfstraße 8, 87474 Buchenberg-Kreuzthal

DIE HANDLUNG

Zehn Türen, zehn Gewerke, elf kreative Köpfe im Grenzbereich zwischen Kunst und Handwerk. Das ist *Die Handlung* in Lindau. Schöne Dinge, entworfen in kleinen Ateliers, Werkstätten und Manufakturen. Regional und mit Liebe produziert.

diehandlung.com

CAFFE ALIMENTARI IMBISS STEINGADEN

Mein Lieblings-Pausen-Auto-Stop-Imbiss in Steingaden. Auch wenn ich hier nicht auf der Durchreise bin. Bester italienischer Kaffee, selbstgemachte Spezialitäten, jeden Tag frisch zubereitete Antipasti, Panini, Pasta- und Gnocchi-Gerichte sowie direkt eingeflogene Produkte aus Süditalien.

Ammergauerstrasse 1, 86989 Steingaden

DER HAUSHALTSLADEN

Der einzige Laden im Kern von Oberammergau, der keine Souvenirs, sondern wirklich brauchbare Dinge für den Alltag führt. Vom Messer bis zur Schraube, vom Nussknacker bis zum Teeservice. Es lohnt sich hier zu stöbern.

Theaterstraße 5, 82487 Oberammergau

ZUM WANGERBAUR

Bernhard ist Metzger, Koch und vor allem Wirt. Einen echten Wirt macht aus, nicht zu servieren, was der Gast sich wünscht, sondern was er selbst am besten beherrscht. Saugutes Essen, ohne Kitsch und Schnickschnack. Regional und bio – eh klar. Unbedingt vorab reservieren, ansonsten findet man keinen Platz in der urigen Gaststube oder im idyllischen Biergarten in Painhofen bei Greifenberg.

wangerbaur.de

Sebastian Beck

BESCHAULICHE ORTE IN DEN BAYERISCHEN VORALPEN

Sebastian Beck ist nicht nur auf der Tastatur wortgewandt und in seinen Formulierungen scharf, er ist auch ein mitreißender Moderator. Wir lernten uns bei der Präsentation unserer deutschen Ausgabe von *Makers Bible – Die Alpen* (ersch. bei *SZ Edition*) kennen.

Sebastian Beck ist ein *Süddeutsche Zeitung* Urgestein, seit 1987 im Verlag, Leiter der Bayern Redaktion der *SZ* und Mit-Autor des Buchs *Zeitlang*. Das launische Buch über (ganz) Bayern entstand mit Co-Autor und Redaktionskollege Hans Kratzer und ist bei *Süddeutsche Zeitung Edition* erschienen.

Im Buch *Zeitlang* kann man stundenlang Bilder von Schönheit, Kuriosität aber auch von Tristesse im Freistaat bestaunen. Und dort steht Bemerkenswertes zu lesen: „Die vergangenen 50 Jahre haben einschneidendere Veränderung hervorgebracht als die fünf Jahrhunderte zuvor." Das mag auf viele deutsche Landschaften zutreffen, auf das ursprünglich durch Klöster geprägte ländliche Bayern besonders. So ist eine gewisse Skepsis gegenüber Städterinnen und Städter nicht verwunderlich. Erst die letzten drei Generationen schätzen das Land, ihre Heimat, für seine Schönheit und den touristischen Wert, den es in sich birgt. Früher war das Land und seine klimatischen Launen eher des Menschen Feind als Freund, ein heute idyllischer See eher ein sumpfiges Moor ohne wirtschaftlichen Sinn. Einen zu diesem Buch, welches Sie in Händen halten, passenden Artikel hat Beck am Neujahrsmorgen 2021 in der Online-Ausgabe der *Süddeutschen* veröffentlicht. Er titelte: *„Das verhasste M-Kennzeichen"* und wäre das Thema nicht eigentlich bitter, muss man beim Lesen oft schmunzeln, der Artikel ist nicht umsonst als *Glosse* gekennzeichnet. Am Ende gibt es noch den Tipp, mal *woanders* in Bayern Ziele zu suchen, als auf den allzu ausgetretenen Pfaden.

TWITTER
@Sebastiao_Beck
@hans_kratzer

1

SKEPSIS GEGENÜBER STÄDTERN IST NICHT VERWUNDERLICH

Hier geben Beck, der auch professionell fotografiert und sein *Zeitlang*-Co-Autor Hans Kratzer Tipps, wo es nicht zu Staus, Parkplatz-Chaos und Drohgebärden kommen sollte.

PS: Ein Geheimtipp hat es nicht ins Buch geschafft. Begründung: „Der Gasthof M*** will nicht mitmachen, weil sie nicht mehr Publikum wollen…"

2

1-3 — Impressionen aus dem Buch „Zeitlang - Erkundungen im unbekannten Bayern“

3

SÜDLICHSTER PUNKT DEUTSCHLANDS

Einmal im Leben sollte man sie gemacht haben: eine Expedition zum südlichsten Punkt Deutschlands. Sie beginnt in Oberstdorf und führt 15 Kilometer weit erst mit dem Mountainbike und dann zu Fuß durchs Rappenalptal hinauf zum Haldenwanger Eck auf 1.931 Metern Höhe. Wer hier am Grenzstein 147 Brotzeit macht, trägt den Ehrentitel *südlichster Mensch Deutschlands*. Wochentags leisten meist nur Murmeltiere und Kühe Gesellschaft.

SCHWALTENWEIHER, SEEG

Westlich von Seeg im Allgäu liegt der Schwaltenweiher, ein Stausee, den *Kaiser Maximilian I.* vor 500 Jahren anlegen ließ. Wer dort zum Schwimmen geht, kann den Ausblick auf drei Burgruinen genießen: Hohenfreyberg, Eisenberg und weiter im Süden Falkenstein, wo *König Ludwig II.* über Mauerresten eine Raubritterburg errichten wollte. Der König starb kurz nach Baubeginn, geblieben ist ein Burghotel in spektakulärer Lage (Seite 94).

AUERBERG

Mit seinen 1.055 Metern Höhe ist der Auerberg zwar kein echter Berg, dafür aber einer der schönsten Logenplätze des Alpenvorlands. Das wussten auch schon die Römer, die hier siedelten. Der Blick reicht über den Forggensee weit hinein nach Österreich. Wer ganz genau hinsieht, erkennt in der Ferne einen Punkt im Bergwald: *Schloss Neuschwanstein*. Der Auerberg ist ein Paradies für Wanderer, Radler und Tagträumer.

LANDGASTHOF FISCHBACH

Ein paar Kilometer nördlich von Bad Tölz liegt der *Landgasthof Fischbach*, ein idealer Stützpunkt für Menschen, die gerne im Biergarten faulenzen, spazieren gehen oder radlfahren. Durch die Mooslandschaft führt ein drei Kilometer langer Weg hinauf auf die Anhöhe von Rothenrain, die einen wunderbaren Ausblick auf die Berge rings ums Isartal bietet. Zum Glück gibt es dort oben ein Bauerncafé, sodass der Rückweg zum Biergarten leichtfällt.

SCHLECHING

Die *Streichenkapelle* hoch über dem Achental bei Schleching zählt zu den magischsten Orten Oberbayerns. Nicht nur, weil die Kirche mit gotischen Fresken geschmückt ist, die in den Fünfzigerjahren freigelegt wurden. Hier führten seit der Bronzezeit die Saumwege der Händler nach Tirol vorbei. Das historische Gasthaus unterhalb der Kapelle liegt so herrlich mit Blick auf den Geigelstein, dass es sämtliche Klischees übererfüllt.

TITTMONING

Tittmoning ist eine vergessene Schönheit. Das liegt vielleicht auch daran, dass die Stadt an der Salzach 1.000 Jahre lang zum Fürsterzbistum Salzburg gehörte und Bayern den Rücken zuwandte. Dabei kann Tittmoning alles bieten, was zu einem Familienausflug gehört: Eine Burg, die über der mittelalterlichen Altstadt thront, romantische Gassen und drei Kilometer nördlich den Leitgeringer See mit seinem Strandbad.

Funk Optik

13

ADRESSE Gewerbestraße 9, 86981 Kinsau — **T** 08869 912 900
IG @funkeyewear — **WEB** funkeyewear.com

Die Brille, meistens und naheliegenderweise im Gesicht, ist vermutlich das alltäglichste Accessoire. Aber muss eine Brille deshalb alltäglich aussehen? Dieter Funk, Gründer und Chef-Optiker der Brillen-Manufaktur *Funk Eyewear* und seine Mitarbeiterinnen und Mitarbeiter sind ganz anderer Meinung: Funk-Brillen der Marken Sashee Schuster und Dieter Funk sind Eyecatcher, je nach Kollektion modisch-auffällig oder dezent. Auf jeden Fall sind sie zu hundert Prozent handgemacht in Kinsau. Vom Design bis zum Finish. Die etwas günstigere, aber ebenso *funky'ige* Linie *Funk Food* wird hier designed und weiter südlich gefertigt. Der Showroom von *Funk* bietet die wohl größte Auswahl an handgefertigten Brillenfassungen im abgebildeten Gebiet dieses Buches und das wohl kompetenteste und freundlichste Optiker- und Fertigungs-Team. Die meisten Angestellten, die Sie, lieber Leserin und Leser, vorne im Laden kennenlernen, können auch hinten, in der angeschlossenen Manufaktur Ihre Brille bauen. Da Transparenz das Sehen erst ermöglicht, dürfen Interessierte die Manufaktur nach Terminabsprache auch besichtigen. Weitere *Funk* Optik Stores gibt es in München, Berlin und Wien.

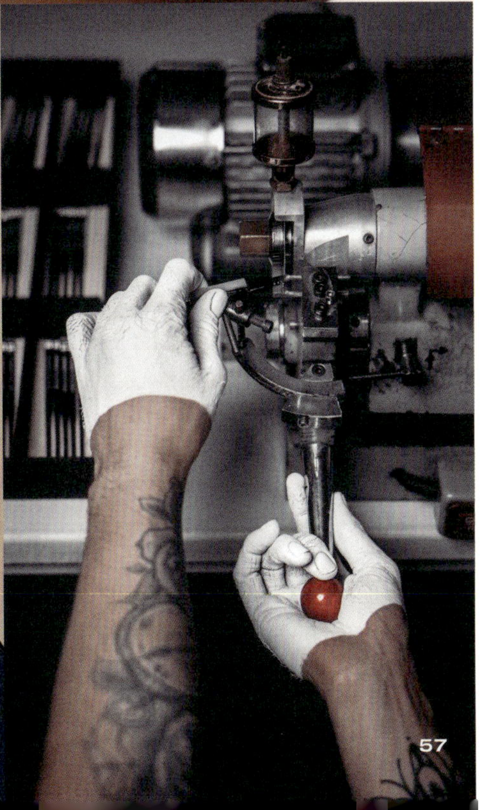

Sirch Rodelschlitten

14

ADRESSE Waldmühle 5, 87736 Böhen — T 08338 488
WEB sirch.de

Aus der Tradition eines Wagnereibetriebes entwickelte sich das Unternehmen *Sirch* in den letzten 30 Jahren hin zum Schwerpunkt der Fertigung unterschiedlicher Holzwaren. Dabei reicht die Bandbreite von Holzverpackungen über Kindermöbel und Holzspielwaren bis hin zu einem breiten Sortiment an Rodelschlitten. Insbesondere Letztere bilden einen markanten Pfeiler der Firma.

Neben den bekannten Standardmodellen wie dem Davoser Rodel und dem klassischen Hörnerrodel, liegt das Augenmerk der letzten Jahre auf noch höherwertigen Varianten. Die seit 2006 bestehende sportliche Linie *Abyss* etwa oder die Serie *Standard Plus*, eine Weiterentwicklung des Hörnerrodels – alles in Handarbeit, versteht sich.

Die Krümmung erfährt das Holz beim Dampfbiegen. Mehrere Stunden wird es unter heißen Wasserdampf gesetzt und anschließend mit einer speziellen Maschine in Form gebracht. Weil jeder Holm vor dem Biegevorgang auf seine speziellen Wuchseigenschaften hin untersucht werden muss, braucht man nicht nur mehr Zeit, sondern auch ein geübtes Auge. Nach mehrtägiger Trocknung wird die so entstandene Doppelkufe der Länge nach halbiert und maschinell weiterverarbeitet, bis daraus ein Paar gleitfähige Kufen geworden sind.

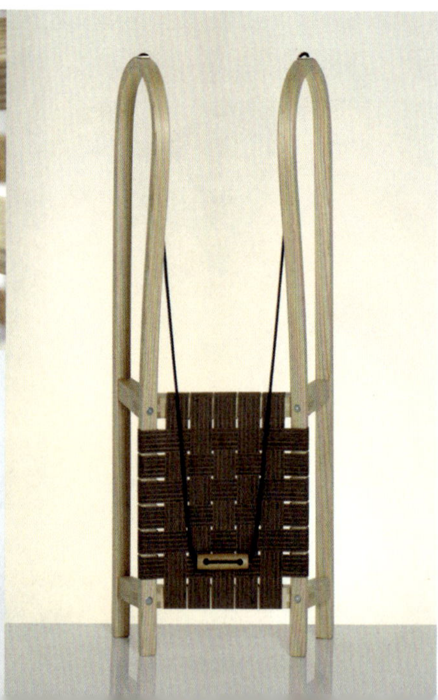

Out for Space | Karuun

15

ADRESSE Jägerstraße 23, 88353 Kißlegg — **T** 07563 913 840 1
IG @karuun_materials — **WEB** karuun.com

Die Natur ist kostbar und versteckt die tollsten Schätze so gut, dass es mitunter innovative Ideen braucht, um diese nicht nur sicht-, sondern auch verwertbar zu machen. Die Geschichte von *out for space*, gegründet 2015 in Kißlegg, geht so: Da gibt es mit Rattan einen schnellwachsenden Rohstoff. Mit ihrer energieeffizienten Technologie verwandelt die Firma seine natürliche Struktur und herauskommt die wunderbare Kunststoff-Alternative: *karuun*.

Nach Erteilung des Patents zur Veredelung und Weiterverarbeitung von Rattan zu Halbfertigwaren wie Platten, Blöcken und Furnieren geht es frisch ans Werk. Besonders in den Bereichen *Grüne Mobilität*, Design und Architektur steht karuun für eine innovative – und nachhaltige – Antwort auf Kunststoff.

Tatsächlich ist der modifizierte Rattanstoff eine Alternative zu Plastik und Holz. Behaglich, ruhig - und äußerst flexibel einsetzbar. In Kißlegg etwa kann man ihn im *Heimat Spa* an Wänden und als Möbel bewundern. Aber auch in den Konzeptautos von *Mercedes* oder dem Serienmodell *ET7* des chinesischen Herstellers *NIO* wird er verbaut – oder bei der Küchenplanung der *Firma Frick*. Wir sind uns sicher: Dem fast vergessenen Naturprodukt blüht eine Renaissance.

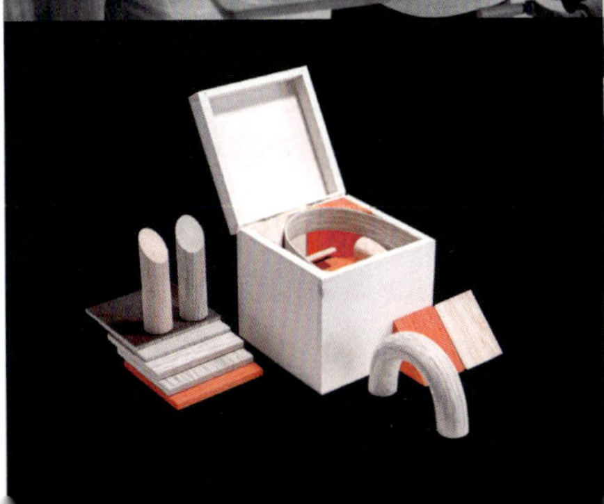

Gerberei Kolesch

16

ADRESSE Bleicherstraße 3/2, 88400 Biberach — **T** 07351 663 5
WEB gerberei-kolesch.de

Die Gerberei Kolesch ist der älteste Betrieb in diesem Buch (sogar aller, die jemals in einer *Makers Bible* standen) und die letzte Altsämisch-Gerberei in Europa. Urkundlich verbrieft ist, dass in Biberach an der Riß schon im 13. Jahrhundert an selber Stelle Leder gegerbt wurde – damals so natürlich, wie heute.

Die *Gerberei Kolesch* betreibt heute noch ihre altsämischen Gerbe-Prozesse in der 1699 erbauten *Weißgerbewalk*. Altsämisch bedeutet, dass die nur mit Wasser gereinigten Häute mit Dorschtran, mittels schwerer Hämmer ins Leder eingehämmert, geölt werden. Vom Abzug des Fells bis zur Lederhose dauert es circa ein Jahr. Kolesch beliefert lederverarbeitende Handwerker mit feinstem Hirschleder und schneidert selbst Bekleidung wie Leder-Jacken, -Westen und -Hosen. Uraltes Handwerk, aufgrund seiner Nachhaltigkeit, zeitgemäßer denn je. Da der Betrieb nicht nur Kultur- und Baudenkmal des Ortes Biberach ist, sondern auch die Attraktion des Ortes, bieten die offiziellen Stadtführerinnen und Stadtführer Biberachs Besichtigungstouren durch die Gerberei an. Diese können ganz offiziell gebucht werden.

Kettnaker Möbelmanufaktur

17

ADRESSE Bussenstraße 30, 88525 Dürmentingen — **T** 07371 959 30
IG @kettnaker — **WEB** kettnaker.com

Nördlich des Bodensees, im idyllischen Oberschwaben hat die Möbelmanufaktur *Kettnaker* seit 1870 ihren Sitz. Hier entwickelt und fertigt das Familienunternehmen exklusive Möbel *Made in Germany* und vertreibt diese an die feinsten Interior-Geschäfte in aller Welt. Qualitativ liegen die Produkte von *Kettnaker* im Premium-Segment, was am perfekten Handwerk und am zeitgemäßen und innovativen Design liegt, welches in individuell konfigurierbaren Möbelsystemen für Wohn- und Schlafzimmer resultiert.

Anlässlich des 150-jährigen Firmenjubiläums schufen die Kettnakers in limitierter Kleinserie das *Meisterstück 150*. Ob als Kommode oder Sideboard stellt dieses Meisterstück eine Hommage an die Firmengeschichte dar und zeigt auf, was in Sachen Präzision, Design und Haptik Stand der Dinge im von Wolfgang Kettnaker in fünfter Generation geführten Unternehmen ist.

Da sich Spitzenqualität vor allem durch die Haptik der Oberflächen und durch die Fertigung, beispielsweise das lautlose Schließen der Türen und Schubladen auszeichnet, sollte man zum Fühlen und Sehen im *Kettnaker* Showroom einen Beratungstermin vereinbaren. Bei Kaufabsicht nennt man ihnen gerne einen Händler in ihrer Nähe.

MAKER

KETTNAKER

DÜRMENTINGEN

Robin Caps

18

ADRESSE Kemptener Straße 17, 88138 Hergensweiler — **T** 08388 923 833 3
IG @robin_naturallystylish — **WEB** robin-shop.com

Robin – zeitlos schlicht im Design, in Deutschland von Hand hergestellt, unter komplett fairen Bedingungen und der Verwendung von ausschließlich nachhaltigen und plastikfreien Materialien. Bereits in seiner Abschlussarbeit beschäftigte sich Firmengründer Adrian Riedle mit der Idee der ersten in Deutschland handgefertigten Caps komplett aus natürlichen Materialien. Erst einige Jahre später, nach intensiver Planung, realisiert er zusammen mit seiner Partnerin Martina, die gelernte Hutmacherin ist, den Traum der eigenen Manufaktur. In der Nähe von Wangen im Allgäu fertigen mittlerweile zwei Hutmacherinnen qualitativ hochwertige Caps, Beanies und Stirnbänder aus Bio-Baum- und Merinowolle, Leinen und Filz. So stammen nicht nur die Materialien aus kontrolliert biologischem Anbau, sondern soweit wie möglich auch aus Deutschland oder dem benachbarten Österreich, um die Wege möglichst kurz zu halten. Für Interessierte öffnen Martina und Adrian an drei Tagen der Woche ihren kleinen, an die Manufaktur angeschlossen Showroom, in dem alle Produkte anprobiert und auch gekauft werden können.

robin

robin

Alexander von Bronewski

19

ADRESSE Schönauerstraße 6, 88131 Lindau am Bodensee — **T** 08382 944 424
IG @alexandervonbronewski — **WEB** alexandervonbronewski.de

In der Ledermanufaktur von Alexander von Bronewski steht keine Nähmaschine. Die Nähte seiner Produkte, fast ausschließlich aus Cognac-farbenem, pflanzlich gegerbtem Rindsleder, näht er mit französischem, gewachstem Zwirn von Hand. Das bedeutet auch, dass alle Nahtlöcher erst mittels eines Werkzeugs markiert und dann mit Ahle eingestochen werden, bevor die beiden Nadeln ihren vorgezeichneten Weg finden. So summieren sich alle händisch ausgeführten Arbeitsschritte je nach Modell auf bis zu über 500. Wer Alexander kennenlernt, versteht, dass er die Essenz seiner Erfahrung und seiner Heimat ist. Aus dem See, dem Wald und der Kulturlandschaft des östlichen Bodensees schöpft er die Kraft, die sich in seinen Produkten wiederfindet: Rohstoff-Auswahl, Design und autodidaktisches Handwerk, zur Perfektion gereift.

Handwerk dieser Art entsteht nicht *mal eben*. Ein paar Monate sollte man schon zu warten bereit sein. Natürlich kann man sich zur Absprache einer Bestellung oder der Abholung mit Alexander treffen. Da er keinen Laden hat, unbedingt vorher mit ihm in Kontakt treten.

ALEXANDER von BRONEWSKI
MANUFAKTUR
F.H

Teresa Deufel - Bio Weingut

20

ADRESSE Schachener Straße 213, 88131 Lindau — **T** 08382 934 40
IG @teresadeufel_winzerin — **WEB** teresadeufel.de

Vor gut 200 Jahren wurde hier in der bayerischen Bodenseeregion rund um Lindau Wein angebaut. Jedoch im Laufe der Zeit verdrängt der Obst- den Rebenanbau und letzterer gerät in Vergessenheit. 1975 beginnen die Obstbauern und Weinliebhaber Hannes Deufel und Ludwig Haug mit der Wiederbelebung der Weinbautradition an den Hängen oberhalb Lindaus.

Mit Teresa Deufel übernimmt 2009 die zweite Generation die Verantwortung für das Weingut in einem der höchstgelegenen Anbauregionen Deutschlands. Die junge, talentierte Winzerin verfügt über eine abgeschlossene Winzerlehre, studiert Weinbautechnik in Veitshöchheim und absolviert diverse Praktika bei renommierten Winzern und dem deutschen Weininstitut in London. Geprägt von ihrer Lehrzeit setzt sie voll auf Bioqualität und einen ökologischen Umgang mit dem Land, das sie bewirtschaften darf und in dem sie selbst tief verwurzelt ist.

Das Terroir am Bodensee ist geprägt von viel Feuchtigkeit und demnach auch viel Humus, was im Zusammenspiel mit reichlich Sonnenschein und kühlendem Wind aus den Alpen fruchtige Noten im Wein hervorbringt.

Einen Besuch bei Teresa Deufel sollte man unbedingt mit einer Übernachtung in den gutseigenen Ferienwohnungen kombinieren. Wer vorher die Website konsultiert hat, sollte versuchen den Besuch hier mit der nur für kurze Zeit geöffneten Rädle *(Heuriger)* zu timen, dem Hoffest mit befreundeten, lokalen Winzern, oder einer der zahlreichen Kultur- und Kulinarikveranstaltungen.

Purschwarz Kaffeerösterei

21

ADRESSE Am Mühlbach 12, 87487 Wiggensbach — **T** 08370 929 823 0
IG @purschwarz.kaffeeroesterei — **WEB** purschwarz.de

Wertschätzung für nachhaltig erzeugte und fair gehandelte Rohstoffe, deren Erzeugerinnen und Erzeuger und das Produkt, das man selbst daraus herstellt. Im Fall von Alexander Gourguis ist es Kaffee. Mit seiner kleinen Spezialitäten-Kaffeerösterei Purschwarz im beschaulichen Wiggensbach zelebriert er Kaffeekultur wie man sie meist nur aus hippen Großstädten kennt.

Ihm geht es um bewussten, nachhaltigen Kaffee-Genuss und außergewöhnliche Geschmackserlebnisse. Deshalb besucht er die Kaffeebauern persönlich und kauft den Rohkaffee direkt bei ihnen vor Ort, in kleinen Mengen und bester Qualität. Zu Hause in der Rösterei tüftelt er dann gemeinsam mit seinem Team daran, die individuellen Charaktermerkmale der jeweiligen Kaffeebohne bestmöglich zur Entfaltung zu bringen. Durch besonders helle Röstungen legen die Kaffeeröster nur einen bestimmten Teil der über 800 Aromen frei, die in einer einzigen Bohne schlummern. Das Ergebnis sind vielfältige Geschmackserlebnisse, aromatisch und weich, mal fruchtig leicht, mal schokoladig kräftig, mal geschmeidig milchig, mal knackig herb. Und das Schöne ist: Alle Kaffeesorten können direkt vor Ort in der Rösterei verköstigt werden.

URSPRUNG.

PRODUCT OF NICARAGUA
KAFFEE
Purschwarz
RÖSTEREI
Catuai Rojo
Washed
017-461-048
Cosecha 2016-2017

Jamei Laibspeis

22

ADRESSE Hildegardplatz 3, 87435 Kempten
IG @jamei_laibspeis — **WEB** jamei-laibspeis.de

100 Meter unter der Erdoberfläche, in einem fast 200 Jahre alten Klostergewölbe passiert das, was Thomas Breckle und Martin Rößle Hochleistungssport nennen und Hartkäse-Conaisseure von Kempten bis Hamburg ein Lächeln ins Gesicht zaubert. Hier reifen teils bis zu 100 Kilogramm schwere Käselaibe mindestens 15 Monate lang, teilweise sogar bis zu fünf Jahre. Gemeinsam pflegen und hegen die beiden Geschäftspartner ihren köstlichen Käseschatz, der einmal wöchentlich von Hand geschmiert werden will. Und das ist körperliche Höchstleistung. Veredelt werden von den *Hartkäse-Affineuren* und ihrem Team nur handwerklich hergestellte Jungkäse. Diese beziehen sie von rund 25 handverlesenen Sennereien aus Deutschland, Österreich und der Schweiz, die sie jeden Sommer mit dem Mountainbike auf ihren Alpen besuchen, immer auf der Suche nach dem nächsten Käsestar.

Ob jung oder alt, mild oder würzig, cremig oder mürbe, für jeden Geschmack findet sich ein leckerer Käse, den man auf Wochenmärkten in Murnau, Freiburg, Münster und Hamburg, sowie in ihrem kleinen Laden in Kempten, erstehen kann. Weitere Verkaufsstellen, sowie Restaurants und Hotels, in denen ihr Käse verköstigt werden kann, finden sich auf ihrer Webseite.

Konvoi Snowboards

23

ADRESSE Kapellenweg 6c, 87448 Waltenhofen — **T** 0151 453 616 12
IG @konvoisnowboards — **WEB** konvoisnowboards.com

Ben Dietermann ist gelernter Zimmermann, studierter Holzbauingenieur, Snowboardkonstrukteur und leidenschaftlicher Snowboarder. Seit 1992 steht er auf dem Snowboard, seit 2011 baut er professionell Snowboards und seit 2017 betreibt er seine eigene Marke und Manufaktur *Konvoi* Snowboards in der Nähe von Kempten im Allgäu.

In seiner Werkstatt entwickelt, tüftelt und baut er hochfunktionelle Snowboards, Splitboards und Powdersurfer. Ben verwendet vor allem heimische Holzarten, die er mit ausgesuchten Hightech-Materialien kombiniert. Immer mit dem Ziel vor Augen, qualitativ hochwertige Performance Boards anzufertigen, die sehr lange halten und der Fahrerin und dem Fahrer das größtmögliche Gleitvergnügen bescheren.

Seine große Passion gilt einer puristischen Form des Snowboardens, dem sogenannten Powder Surfen. Ähnlich wie beim Wellenreiten steht man ohne Bindung auf dem Board und surft völlig frei durch den unberührten Tiefschnee. Mit seinen speziell dafür konzipierten Boards bedient er weltweit die stetig wachsende Powdersurf-Szene.

Nach Voranmeldung kann man bei Ben direkt in der Werkstatt vorbeischauen, sich ein Testboard samt Fahrtipps schnappen und in den umliegenden Allgäuer Bergen ausprobieren.

hello!
I'm a prototype.
who are you?

Christoph Finkel

24

ADRESSE Hauptstraße 16, 87541 Bad Hindelang — **T** 08324 973 822 3
IG @christophfinkel — **WEB** christophfinkel.com

Monatelang liegt Schnee in den Bergen, bis im Frühjahr alles schmilzt und zu Tale fließt. Dann ist die Zeit für Christoph Finkel gekommen knorriges Bergholz zu bergen. Er steigt durch das Gebirge, auf der Suche nach umgestürzten Bäumen, um daraus riesige Schalen und Objekte zu drechseln.

Der Bad Hindelanger Christoph Finkel, der quasi in der Schlittenbau-Werkstatt seines Vaters aufwuchs, ist heute als Künstler und Bildhauer in Galerien in Südkorea, den USA, Skandinavien, der Schweiz und in München dauerhaft vertreten.

Vom reinen Handwerker unterscheidet ihn der Auftrag. Er hat nämlich erst mal keinen. Suche und Auswahl des Stammes in der Natur, der abenteuerliche Transport, die Frage der Lagerzeit, das Drechseln des Stammes, die Imagination, was aus diesem nie perfekten, teils verwitterten und voller Überraschungen steckendem Stück Stamm genau werden soll – all das kann im Bruchteil einer Sekunde, mit einer falschen Bewegung oder einer Fehleinschätzung darüber, wie sich das Holz wohl verhalten wird, schlagartig für die Katz' sein. Welcher stolze Handwerker würde dieses Risiko schon eingehen?

Seine skulpturalen Gefäße und Schalen sind von zeitloser, kosmischer Eleganz und flehen geradezu darum, in wechselndem Licht gebadet zu werden. Sehen und berühren kann man seine Exponate in Bad Hindelang, wo der Weltreisende seine Wurzeln und Heimat hat.

CHRISTOPH FINKEL

BAD HINDELANG

Von Brokk

3

ADRESSE Alte Bergstraße 403, 86899 Landsberg am Lech — **T** 0173 387 820 3
IG @von.brokk — **WEB** vonbrokk.de

In der wunderschönen Altstadt von Landsberg am Lech, zwischen Bayertor und Schmalzturm, liegt die Alte Bergstraße. Und genau hier findet man den Schauraum von Sandra Paul und ihrem Label *Von Brokk*.

Die mittelalterliche Gasse bekommt damit nicht nur einen willkommenen Farbklecks, sondern auch jedes Radlerinnen- und Radlerherz die Lieblingsstücke, die es begehrt. Sandra hat ein kleines und überaus feines Sortiment entwickelt, das Tradition und Stil des Sports Rechnung trägt und das moderne Lebensgefühl Rad auch abseits des Sattels für Liebhaberinnen und Liebhaber des guten Geschmacks auf ästhetische Art repräsentiert. Shirts, Sweater, Socken etwa, dazu handgestrickte Mützen, Lederetuis und Musettes – Verpflegungsbeutel, die nicht nur praktisch auf dem Velo sind, sondern auch im Alltag lässigen Stauraum bieten.

Im Laden gibt's leckeren Espresso, stilgerecht zubereitet und serviert in der eigens entworfenen Tassenkollektion. Dann braucht man eigentlich nur noch dem roten Faden zu folgen. Der zieht sich nämlich durch die Entwürfe von Sandra. Alle Produkte werden dabei in Deutschland von kleineren, inhabergeführten Manufakturen hergestellt. Handwerkskunst, Qualität, Transparenz und ein regionaler, nachhaltiger Herstellungsprozess spielen dabei immer die entscheidende Rolle. So hat jedes Produkt seine eigene spannende Geschichte – und eben einen roten Faden.

4 GUT & SCHÖN

Ein Kuhstall voller Ideen

Der Name ist Programm. Bei *Gut & Schön* unweit des Ammersees finden Besucherinnen und Besucher nicht nur ein wunderbares Alpenpanorama, sondern vor allem Handwerkliches von hoher ästhetischer und materieller Qualität. Taschen, ausgefallene Kerzen, Kissen, Teppiche, Vasen – alles von Hand gemacht. Mit ihrem meist lokalem Sortiment stellt sich das Ehepaar Caroline und Johann bewusst gegen billige Massenware. Dazu kommen ausgewählte kulinarische Spezialitäten, möglichst aus der näheren Umgebung. Am Freitag und Samstag hat der ehemalige Kuhstall geöffnet. Es lohnt sich.

Riedhof 1, 86935 Rott, Tel: 08869 912 188 3
Web: gutschoen.de, IG: @gut_und_schoen

5 BERGFISCHZUCHT

Hoch-Genuss

Etwas versteckt im hinteren Gunzesrieder Tal, mitten im Naturpark Nagelfluhkette, befindet sich die Bergfischzucht Gunzesried. Dort wachsen in frischem, eiskalten Bergquellwasser Elsäßer Saiblinge heran, die nach etwa drei Jahren den Weg in den eigenen Hofladen finden, der in einem rustikalen Blockhaus samt Wirtsstube und Sonnenterrasse untergebracht ist. Der angebotene Saibling ist ein wahrer Hochgenuss egal, ob frisch zum Braten oder Grillen, geräuchert, gebeizt, sauer mariniert oder als Fischsalat, -pflanzerl oder -suppe. Ein Besuch lässt sich prima auch mit einer Wanderung oder Radtour in dem idyllischen Hochtal verbinden.

Säge 2A, 87544 Blaichach-Gunzesried, Tel: 01605 260 457
Web: bergfischzucht.de

Seil Marschall

6

ADRESSE Obere-Breite-Straße 32, 88212 Ravensburg — **T** 07512 356 1
IG @seil_marschall — **WEB** seil-marschall.de

Made in good old Germany – Seil Marschall existiert seit über 100 Jahren und ist ein mittelständisches Familienunternehmen, welches heute von den Brüdern Thomas und Christoph Freßle in vierter Generation geführt wird. Legendär sind die Rucksäcke des Labels, welche durch ihre Robustheit und Einfachheit überzeugen. Materialien wie Waxed Canvas, Loden oder Leder kommen bei diesen unkaputtbaren und vor allem in Japan beliebten Produkten zum Einsatz.

Seil Marschall ist auch eine Seilerei und fertigt, neben Seilen aus Hanf und Draht, Planen für Transport- und Industrieunternehmen. Betritt man den Laden in der mittelalterlichen Ravensburger Innenstadt, findet man aber auch andere Produkte mit dem Firmenlogo: Besen, Bürsten und Jacken. So wie man bei den Produkten von *Seil Marschall* von Robustheit ausgehen kann, trifft das auch auf die ergänzenden Marken im Laden zu, wie zum Beispiel auf die *Blaumann Jeans* aus Künzelsau, die erste (wieder) in Deutschland gefertigte Denim.

Die Kombination aus Tradition, Handwerk und *Made in Germany* ist auch einer Berühmtheit der Mode-Branche nicht entgangen: *Comme Des Garçons* Designer *Junya Watanabe* entdeckte die Marke auf einer Messe, setzte sich mit Thomas Freßle in Verbindung und kurz darauf entstand eine limitierte Serie in der Firmenwerkstatt in Bad Waldsee.

7 BODENSEEFISCHEREI BOESENECKER

Die Frischerei vom Bodensee

Der Mann weiß, wohin er steuern muss. Täglich fährt Christof Boesenecker, Meister der Fischereiwirtschaft, mit dem Boot hinaus auf den *Bodensee*, um Felchen, Zander, Hecht oder Aal an Land zu holen. Fangfrisch geht der Fisch in die eigene Räucherei oder direkt in den Hofverkauf – donnerstags auch zum *Kressbronner Wochenmarkt*. Manchmal nimmt er Freunde mit, *Valentin Knoerle* etwa, den Küchenchef vom Haus am See (siehe Seite 90). Der eine fängt, der andere brät. So einfach ist das am See. Direkte Lieferkette, direkter Genuss.

Langenargener Straße 12, 88079 Kressbronn am Bodensee
Tel: 07543 547 156, Web: schwaebischer-bodensee.de/tour/bodenseefischerei-boesenecker

TIPP

TRADITIONELLE FESTE & BRAUCHTUM

Die Bayern sind ein stolzes Volk. Sie pflegen ihre Traditionen, leben Brauchtum, Kultur und feiern gerne Feste.

RUPERTIGAU PREISSCHNALZEN

1.700 Goasalschnalzer aus dem Rupertiwinkel schnalzen im Februar um die Wette.

SCHALENGGE-RENNEN PFRONTEN

Legendäres Hörnerschlittenrennen in Pfronten am Faschingssamstag.

JOHANNIFEUER

Werden in der Nacht auf den 24. Juni im gesamten Alpenraum entzündet, zum Beispiel rund um die Zugspitze, am Brauneck und auf der Kampenwand.

ALMER WALLFAHRT

Europas älteste Hochgebirgswallfahrt führt Ende August von Maria Alm über das Steinerne Meer nach St. Bartholomä am Königssee.

VIEHSCHEID IM HINTERSTEINER TAL

Traditioneller Almabtrieb mit Krämermarkt am 11. September in Bad Hindelang.

APFELMARKT BAD FEILNBACH

Bayerns größter Apfelmarkt gibt Anfang Oktober sein Stelldichein.

Wann und wo?
Einfach die Überschriften in Ihre Suchmaschine eingeben.

Goldener Apfel

ADRESSE Kirchplatz 1, 86974 Apfeldorf — **T** 08869 911 722 2
IG @goldener_apfel_apfeldorf — **WEB** goldenerapfel.eu

Drei Kriterien scheinen uns für die Beurteilung eines Restaurants wichtig. Um es vorweg zu nehmen: *Der Goldene Apfel* in Apfeldorf bekommt von uns in allen die Höchstnote. Als da sind: Der Service ist herzlich, prompt, auf den Punkt und sympathisch. Das Ambiente ist sauber, heimelig und traditionell. Die Speisen sind schmackhaft, gesund und bodenständig und mit Kreativität und Liebe zum Detail angerichtet.

Die Karte ist auch nie zu lang. Es gibt das, was frisch eingekauft wurde. Was aus ist, ist aus. Gelobt werden weithin die knusprigen Enten im Herbst, das Wild-Gulasch ist zum Niederknien und für die Burger am Donnerstag fahren viele von weit her an. Fisch und Vegetarisches sind ebenso vom Feinsten.

Apfeldorf liegt quasi auf dem Weg nach Schloss Neuschwanstein. Sein visionärer Erbauer ist in der Gaststube gleich mehrmals an den Wänden verewigt und wenn der Kaminofen flackert, der Geschmack des Bieres oder des Weins ein zweites Glaserl plausibel erscheinen lässt, dann sollte man verweilen und mit Julian Resch oder Anna-Maria Baumgartner, dem Wirtspaar, ein ernsthaftes Wörtchen über die Vermietung der Zimmer im oberen Stockwerk des historischen Gebäudes in Apfeldorf sprechen.

Hopfengut № 20

7

ADRESSE Hopfengut 20, 88069 Tettnang — **T** 07542 - 952 206
IG @hopfengut_no_20 — **WEB** hopfengut.de

Die Geschwister Charlotte Müller und Lukas Locher übernahmen 2015 den Betrieb von ihren Eltern und setzen in vierter Generation den Hopfen-Anbau um Tettnang fort. Ihr Hopfen genießt mittlerweile bei Brauern weltweit einen guten Ruf. Das hier mit Hilfe des Tettnanger Braumeisters Fritz Tauscher gebraute Bier ist unter anderem bei *Dallmayr* gelistet.

Dabei gilt es für Charlotte und Lukas die Balance zu halten, zwischen traditionellen Werten und modernsten Anbau- und Ernte-Methoden, deren primärer Zweck die Schonung der Flächen und des Hopfens ist. Aber das erfährt man am besten auf einer Führung, bevor auf dem Hof, im Laden oder dem Restaurant mit Terrasse das Bier verköstigt werden darf. Das Sortiment des Ladens umfasst zudem Marmeladen, Honig, Liköre – alles natürlich und handgemacht.

Auch die Wanderungen mit Blick auf den Bodensee und die dahinter liegenden Schweizer Alpen werden sehr gelobt. *Hopfengut No. 20* ist ein lohnenswerter Stopp auf dem Weg von oder an die *Bayerische Riviera.*

Biohotel Walserstuba

8

ADRESSE Eggstraße 2, A-6991 Riezlern — **T** 0043 5517 534 60
WEB walserstuba.at

Er stieg auf den höchsten Berg im Kleinwalsertal und fasste den Entschluss nur mit Zutaten zu kochen, die aus Regionen stammen, die er von dort oben sehen konnte: Jeremias Riezler, Naturmensch, kreativer Andersdenker und vielfach ausgezeichneter Spitzenkoch.

Gemeinsam mit seiner Frau Bettina führt er in dritter Generation das familiäre Biohotel und -Restaurant *Walserstuba* im Kleinwalsertal. Tradition, Regionalität und Saisonalität prägen den unkonventionellen Küchenstil des sympathischen Walsers, der mit großer Leidenschaft das kulinarische Erbe der Walser in die Neuzeit führt und seine Gäste mit völlig neuen Geschmackserlebnissen überrascht. Ganz gleich, ob es ein Stück zartes Rehfilet auf Tannensprossen mit Honig ist oder das Önsche Walser Chuche Menü, das auf regionalen Zutaten basiert, die es bereits im 19. Jahrhundert gab.

Alle Lebensmittel bezieht Jeremias aus dem Tal und den umliegenden Regionen. Das Fleisch stammt ausschließlich von lokalen Tieren, die nach der *Nose-to-Tail* Philosophie komplett verwertet werden. Die seltene Rasse der Schwarzen Alpenschweine züchtet er selbst. Sie liefern ihm nicht nur ausgezeichneten Speck, sondern verputzen auch alle in der Küche anfallenden Gemüseabschnitte und tragen so dazu bei, dass nichts verschwendet wird.

Kulinarisch eine aufregende Entdeckungsreise durch die authentische Walser Bergküche.

1 JUGENDHERBERGE FÜSSEN

Der Kini lebt!

Dieser Eindruck stellt sich sofort ein, wenn man in die märchenhafte Schloss- und Bergromantik rings um die Jugendherberge in Füssen eintaucht. Eine Landschaft wie gemalt: Mit sage und schreibe neun tiefblauen Badeseen und schier endlosen Wander- und Radwegen. Traumhaft auch die Jugendherberge selbst, die für aktive Sportlerinnen und Sportler ein besonderes Highlight ist. Zwischen Schloss Neuschwanstein und Hohenschwangau – zwischen einzigartiger Gastlichkeit und spannendem Aktivprogramm des Hauses muss man nur auf eines verzichten: Langeweile.

Mariahilfer Straße 5, 87629 Füssen, Tel: 08362 775 4
Web: fuessen.jugendherberge.de

2 ANSITZ HOHENEGG

Die Wald-Insel

Ein Sehnsuchtsort, mitten im Wald, auf einer sonnendurchfluteten Lichtung gelegen, befindet sich der Ansitz Hohenegg aus dem Jahr 1740. Abseits von Alltagshektik und Reizüberflutung lässt es sich hier im schönen Allgäu wunderbar ausspannen, die Natur genießen und im Freundeskreis oder mit der Familie eine gute Zeit verbringen. Mit viel Fingerspitzengefühl wurden die vier großzügigen Ferienwohnungen, die bis zu acht Personen beherbergen, geschmackvoll und luxoriös eingerichtet. Tradtionelle Bausubstanz trifft auf moderne Wohlfühlarchitektur.

Hohenegg 6, 88167 Grünenbach im Allgäu, Tel: 01609 444 017 9
Web: ansitz-hohenegg.de, IG: @ansitzhohenegg

Schlossanger Alp

3

ADRESSE Am Schlossanger 1, 87459 Pfronten — **T** 08363 914 550
IG @berghotel_schlossanger_alp — **WEB** schlossanger.de

Die Alleinlage der *Schlossanger Alp* hoch über Pfronten ist eine Wucht. Inmitten der Allgäuer Bergwelt, auf einem kleinen Hochplateau, umgeben von Bergwald und Almwiesen, liegt das familiäre Berg- und Wellnesshotel von Familie Schlachter-Ebert.

Insgesamt 35 geschmackvolle, individuell eingerichtete Zimmer und Suiten beheimatet die *Alp*, allesamt freundlich und hell mit Blick in die Berge. Also perfekt zum Ausspannen und die Seele baumeln lassen. Und wer schon immer einmal von einer romantischen Nacht im Baumhaus geträumt hat, kann sich auch diesen Wunsch auf der *Schlossanger Alp* erfüllen.

Komplettiert wird das Verwöhnprogramm durch das ganzheitliche Wellnessangebot und das ausgezeichnete Essen. Dafür zeichnet sich Gastgeberin und Geschmackskünstlerin Barbara Schlachter-Ebert verantwortlich. Sie ist Mitglied bei den *Jeunes Restaurateurs d'Europe* und überregional bekannt für ihre schnörkellosen, bodenständidgen Gerichte auf höchstem Niveau, die von Ehemann und Sommelier Bernd Ebert mit feinsten Tropfen aus seinem Weinkeller begleitet werden. Ein wunderbarer Ort für Genussmenschen.

Baumhaushotel Allgäu

4

ADRESSE Kaisersmad 6, 87488 Betzigau — **T** 08304 929 172 5
IG @baumhaus_allgaeu — **WEB** baumhaushotel-allgaeu.de

Familie Bechteler betreibt ein kleines Familien-Paradies, in dem es jedem Gast ein Leichtes sein wird, glücklich zu werden. Hier wird es nie langweilig, hier gibt es für die Kleinen und die Großen ständig etwas zu erleben, zu entdecken und zu posten.

Der *Hofhund* ist hier eine neugierige und freundliche Gans – auf dem echten Allgäuer Bauernhof gibt es außerdem Kühe, ein Pony, Ziegen, eine Katze und Hasen. Alles darf gestreichelt werden, was sich streicheln lässt.

Die Ferienwohnungen sind mit 120 Quadratmetern riesig und bieten bis zu sechs Personen Platz. Ein üppiges Frühstückskörbchen kann dazu gebucht werden. Neben der Selbstversorger-Küche gibt es auch, draußen natürlich, eine Grillstelle zur freien Benutzung.

Wer es freier mag und seine eigene Unterkunft gleich mitbringen will, kann auch im Camper anreisen und muss aufgrund des beheizten Badehauses nicht auf Komfort verzichten. Alle anderen Annehmlichkeiten stehen den Campern genauso zur Verfügung.

Vogelfrei ist es in einem Baumhaus zu nächtigen. Inmitten der Bäume mit blätterbeschirmtem Weitblick sind die Baumhäuser ein Holz-gewordener, handwerklicher Traum. Da Traum-, Pardon, Baum-Häuser begehrt sind: Durch weitsichtiges Vorbuchen steigern Sie Ihre Vorfreude.

Das Rosso

5

ADRESSE Oberhub 3, 87452 Altusried — **T** 0171 931 59 74
IG @dasrosso — **WEB** dasrosso.com

Ist man erst einmal angekommen im zauberhaften *Rosso*, inmitten der Allgäuer Hügellandschaft, möchte man am liebsten bleiben, nicht nur auf Zeit, sondern für immer. Christian Müller und Lisa Rühwald haben einen besonderen Ort mit Seele geschaffen, für sich, aber auch Menschen, die als Gäste das alte Gehöft mit Leben füllen, fernab von Hektik und Lärm der Großstadt. Mit viel Feingefühl, Liebe zum Detail und Sinn für Ästhetik haben die beiden zusammen mit lokalen Handwerkern den historischen Bauernhof mit regionalen und ökologischen Naturmaterialien renoviert und drei wundervolle, großzügige Appartments geschaffen. Der Stil ist unperfekt natürlich, cool und heimelig zugleich. In der Sauna lässt es sich mit Zirbelkieferaufguss prima schwitzen, im Atelier vor dem offenen Kamin großartig chillen und im separaten Studio meditieren oder yogieren. Frische Bio-Eier von den eigenen, draußen im Garten frei umherlaufenden Hühnern gibt es im kleinen Hofladen genauso zu kaufen, wie andere feine Bio-Produkte aus der Region. Das *Rosso* ist der perfekte Ort, um gemeinsam mit der Familie, Freundinnen und Freunden eine gute Zeit mitten in der Natur zu verbringen, ohne großen Schnickschnack, dafür im Jetzt und Hier.

Haus am See

6

ADRESSE Uferstraße 23, 88149 Nonnenhorn — **T** 08382 988 510
IG @hotel_hausamsee — **WEB** hausamsee-nonnenhorn.de

Haus am See – das klingt nach Seeblick, schon während man noch im Bett liegt, nach Liegestühlen im Halbschatten, nach gemütlichen Sitzgelegenheiten im Garten und kühlem Aperetivo, nach einem frischen und fantastischen Abendessen, zubereitet von einem leidenschaftlichen Spitzenkoch. Es klingt nach einem Feuerchen am Seeuferstrand, wo man die Tischgespräche fortsetzen und die Gegenwart seiner Begleitung genießen kann. Es klingt nach Ruhe am See, über dessen Südwestufer gerade die sinkende Sonne die schneebedeckten Gipfel in fast das gleiche Rosé taucht, das eben noch im Weinglas schwappte. Vorm zu Bett gehen freut man sich noch auf Yoga, morgen, an gleicher Stelle. Der gleichlautende Peter Fox Song geht einem nicht aus dem Kopf. Es klingt nicht nur so. Es ist so.

Hinter Lindau, noch in Bayern hat in Nonnenhorn, die Familie Knörle einen Ort geschaffen, der in Sachen Romantik, Genuss und Ausgeglichenheit seinesgleichen sucht. Chef und Chefkoch ist Valentin Knörle, jung, dynamisch und kulinarisch innovativ, dabei stets der Heimat und ihren Schätzen verbunden. Sie wollen wissen, wo welche Zutaten herkommen? Familie Knörle macht daraus kein Geheimnis. Weine kommen unter anderem von *Teresa Deufel* (Seite 68) und der Fisch von der *Bodenseefischerei Boesenecker* (Seite 81).

HAUS AM SEE

NONNENHORN

Alpenloge

7

ADRESSE Kirchenanger 6, 88175 Scheidegg — **T** 08381 912 360 0
IG @alpenloge — **WEB** alpenloge.com

Anja Engelke und Michael Schott sind Gastgeber aus Leidenschaft und haben sich mit ihrem kleinen, aber feinen Hotel *Alpenloge* ein tolles Projekt dafür geschaffen.

Mit viel Liebe zum Detail, einem ausgeprägten Gespür für Ästhetik und Sinn für handwerklich hergestellte Gegenstände auf höchstem Niveau, haben sie ihr Refugium geplant und umgesetzt. Entstanden ist ein besonderer Ort für Menschen, die eine außergewöhnliche Bleibe auf Zeit suchen, ohne großen Schnickschnack, aber dafür mit viel Platz, innen wie außen. Für Gäste, die es schätzen, dass sich ihre Gastgeber persönlich um sie kümmern, die ihnen das Frühstück zubereiten, ihnen ein individuelles Ausflugsprogramm zusammenstellen und sie abends mit gesunden, biologisch erzeugten Köstlichkeiten aus der Region verwöhnen, die ein Koch frisch zubereitet. Residieren darf man in einer von neun großzügigen Logen. Jede für sich ist einzigartig, stilvoll eingerichtet und mit einer großartigen Aussicht über Scheffau, sowie das gesamte *Westallgäu* bis hinüber in den *Bregenzer Wald* ausgestattet. Ein wunderbarer Ort zum Seele baumeln und es sich gut gehen lassen.

Das Burghotel Falkenstein

8

ADRESSE Auf dem Falkenstein 1, 87459 Pfronten — **T** 08363 914 540
IG @das_burghotel — **WEB** burghotel-falkenstein.de

Würde man ein Bild malen, auf dem Seen, Berge und ein Schloss zu finden sein sollen, die Aussicht vom Burghotel wäre mit Sicherheit die perfekte Vorlage dafür. Majestätisch thront das Hotel auf 1.250 Metern Höhe, knapp unter der höchstgelegenen Burganlage Deutschlands, der Burgruine Falkenstein.

Die Familie Schlachter sorgt dafür, dass die Auszeit in den Allgäuer Alpen mit atemberaubendem Blick über die Täler auch eine erholsame wird. Der Familienbetrieb ist ein herausragender Gastgeber und die Gastronomie ein weiteres Highlight. Für die kulinarischen Höheflüge des Restaurants zu Pfronten (16 Gault Millau Punkte) und dem Sterne-Sharing-Restaurant *Pavo*, zeigt sich Küchenchef und jüngster Sohn Simon Schlachter verantwortlich. Dass er kochend um die Welt gereist und sein Herz dennoch fest im Allgäu verwurzelt ist, merkt man den Gerichten an. Kreativität und Regionalität finden hier meisterlich zusammen. Wer über Nacht bleibt, was angesichts der neu renovierten, sehr stilvollen Zimmer eine dringende Empfehlung ist, blickt beim Aufstehen in eine wunderbare Berglandschaft, die sich morgens gerne in leichten Nebel hüllt. Wohl dem, der hier noch weitere Bilder malen darf.

9 JUGENDHERBERGE LINDAU

Plötzlich ist Süden

Die *Aktiv und Fit | Jugendherberge* in Lindau ist ein Eldorado für Familien, die Erholung, Abwechslung und Genuss suchen. Ein Aufenthalt in der Jugendherberge am Bodensee fühlt sich immer auch ein klein wenig an wie Urlaub im Süden. Im Dreiländereck Deutschland – Österreich – Schweiz bleiben keine Wünsche offen, weder im Haus noch drumherum. Komfortable Gästezimmer in maritimer Optik, gesunde Verpflegung und unendlich viel Platz zum Sitzen, Ratschen, Schauen. Unmittelbar vor der Tür stellt sich nur eine Frage: Wassersport und/oder Bergvergnügen?

Herbergsweg 11, 88131 Lindau, Tel. 08382 967 10
Web: lindau.jugendherberge.de, IG: @jugendherberge.lindau

TIPP

LANGLAUFLOIPEN

Auf Langlaufski durch eine tiefverschneite Winterlandschaft zu gleiten, übt eine ganz eigene Faszination aus. Die fünf vorgestellten Loipen verlaufen allesamt in landschaftlich reizvollen und wenig erschlossenen Tälern. Manche können per Bus abgekürzt werden.

KANADA LOIPE WALLGAU

Über 14 Kilometer, von Wallgau bis Vorderriss, entlang der Isar, umgeben von Bergen verläuft diese reizvolle Loipe. Im Gasthof Post in Vorderriss kann man sich für den Rückweg stärken.

KÖNIG LUDWIG LOIPE IM GRASWANGTAL

Mit Blick auf die markante Scheinbergspitze läuft man von Oberammergau durch das Graswangtal inmitten der Ammergauer Alpen bis zum Schloss Linderhof. Hin und zurück: rund 30 Kilometer.

LOIPENPARADIES JACHENAU

In dem ursprünglichen Seitental zwischen Lenggries und dem Walchensee erstreckt sich ein weitläufiges Loipennetz von 35 Kilometer.

KLOOASCHER LOIPE BAYERISCHZELL

Die landschaftlich reizvolle und äußerst schneesichere Runde verläuft auf neun Kilometern durch das unerschlossene Kloo Ascher Tal. Natur pur mit Start am Parkplatz Stocker.

GRENZLAND LOIPE BALDERSCHWANG

Über 40 Kilometer verläuft die Grenzlandloipe zwischen Balderschwang im Allgäu und Hittisau im Bregenzerwald.

Wie Sie dort hinkommen:
Navigation per Smartphone: makersbible.com/voralpen

VOM PFAFFENWINKEL AUF DIE ZUGSPITZE

Vor Bayerns höchstem Berg, zwischen *Lech* und *Loisach* da liegt eine Region, die genau nach denen benannt wurde, die lukullischen Genüssen nie wirklich abgeneigt waren: der *Pfaffenwinkel*. Und zum strengen Fasten fährt man auch nicht ins oberbayerische Voralpenland, wo Biergärten um die Besuchergunst wetteifern und die Natur so sakrisch schön ist, dass man am liebsten gleich für immer dableiben möchte. *Uffing*, *Murnau Schongau*. *Staffel-*, *Kochel-* und *Walchensee* – letzterer sogar mit Kraftwerk und alle mit beeindruckender Wasserqualität. Ein Schlenker zum *Kloster Ettal* und dann mit Segen im Gepäck nach *Garmisch-Partenkirchen* und hinauf zur *Zugspitze*. Ein Gipfelbier mit Aussicht und dem wohlgemeinten Ratschlag: Bloß nicht hetzen lassen!

RUND UM DEN STAFFELSEE

Pfaffenwinkel

UNTER- UND OBER-

Ammergau

ZU FÜßEN VON WETTERSTEIN UND KARWENDEL

Werdenfelser Land

VOM PFAFFENWINKEL AUF DIE ZUGSPITZE

LAND DER KREATIVEN MÖGLICHKEITEN

M

MAKER

25 **Sanktjohanser**
Uffing am Staffelsee

26 **Sepiah**
Oberammergau

27 **Maronys Pottery**
Ohlstadt

28 **Racing Atelier**
Oberammergau

29 **Ernst Gamperl**
Steingaden

30 **Manufaktur Grasegger**
Farchant

31 **Wohnkultur Wöretshofer**
Garmisch-Partenkirchen

32 **Andalui Design**
Garmisch-Partenkirchen

33 **Thalyz**
Garmisch-Partenkirchen

34 **Wildkaffee Rösterei**
Garmisch-Partenkirchen

35 **Chocolaterie Amelie**
Garmisch-Partenkirchen

36 **Geigenbau Leonhardt**
Mittenwald

H

HÄNDLER

8 **Karlmeise**
Garmisch-Partenkirchen

9 **Sport Conrad**
Garmisch-Partenkirchen

10 **Trachten Grasegger**
Garmisch-Partenkirchen

11 **Platzfisch**
Mittenwald

12 **Bsonders & Guad**
Mittenwald

G

GASTGEBER

9 **Gasthof Dorfwirt**
Unterammergau

10 **Seerestaurant Alpenblick**
Uffing am Staffelsee

11 **Ludwig Haller Metzgerei**
Murnau

12 **Panorama 2962**
Garmisch-Partenkirchen

13 **Cuatro Hombres Bar**
Garmisch-Partenkirchen

14 **Cuatro Hombres Enoteca**
Garmisch-Partenkirchen

15 **Das Marktrestaurant**
Mittenwald

U

UNTERKUNFT

10 **Die Bleibe**
Bad Kohlgrub

11 **Jugendherberge Oberammergau**
Oberammergau

12 **Jugendherberge »Moun10«**
Garmisch-Partenkirchen

13 **Heimat 1883**
Garmisch-Partenkirchen

14 **Die Werdenfelserei**
Garmisch-Partenkirchen

15 **Quartier**
Garmisch-Partenkirchen

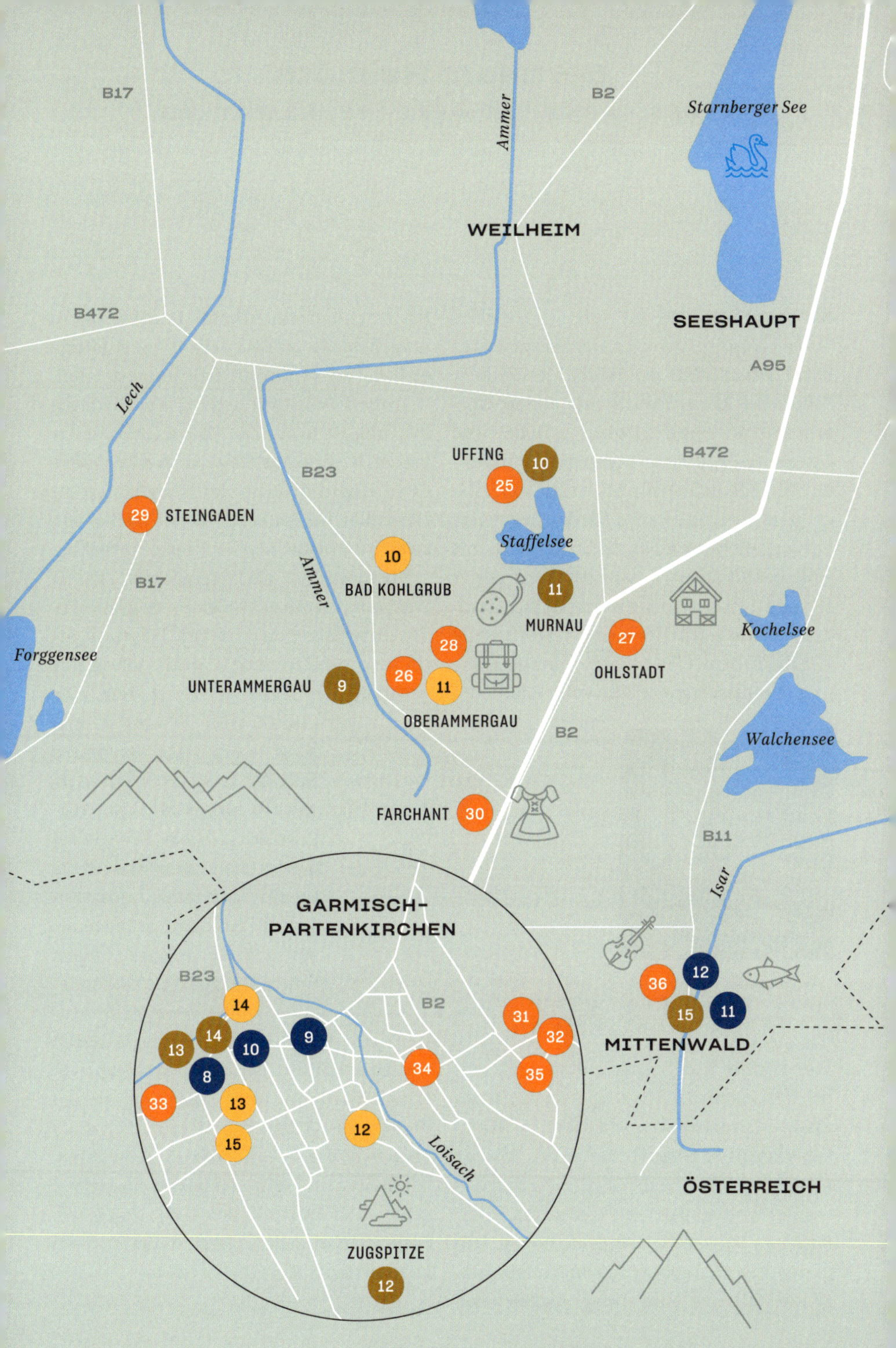
B17
B2
Ammer
Starnberger See
WEILHEIM
B472
SEESHAUPT
A95
Lech
B23
UFFING
10
25
B472
29
STEINGADEN
Staffelsee
10
Ammer
BAD KOHLGRUB
11
B17
MURNAU
28
27
Kochelsee
Forggensee
26
11
OHLSTADT
UNTERAMMERGAU
9
OBERAMMERGAU
B2
Walchensee
FARCHANT
30
B11
Isar
GARMISCH-
PARTENKIRCHEN
B23
12
36
14
B2
31
11
14
15
13
9
32
10
MITTENWALD
8
34
35
33
13
12
15
Loisach
ÖSTERREICH
ZUGSPITZE
12

Bernhard Heinloth

ÜBER BÄUME UND DEREN INNERE WERTE

Bernhard Heinloth ist seit 2015, neben *Torben Hansen*, zweiter Geschäftsführer bei *Schotten & Hansen*. In der Manufaktur *Schotten & Hansen* wird eine andere Verarbeitungsweise des Holzes zu Böden und Interieur-Produkten gepflegt. Die individuellen Besonderheiten aller Holzoberflächen in Form und Farbe werden dort extra hervorgehoben und betont. Der Werkstoff Holz behält so etwas von der Aura seiner Herkunft und trägt sie weiter in die Architektur. Die natürliche und traditionelle Bearbeitungsweise schafft wohngesunde und ästhetisch anspruchsvolle Räume.

WEB
schotten-hansen.com
INSTAGRAM
@schottenhansen

HOLZ BEDEUTET ENTSCHLEUNIGUNG

Wer könnte uns besser Holzwissen vermitteln als dieser Holzexperte, wenn wir unsere Leserinnen und Leser „ins Holz" schicken? (siehe auch Seite: 12), Wissen öffnet den Blick.

Der Wald und dessen Vielfalt fasziniert *Bernhard Heinloth* seit seiner Kindheit – für den in *München* geborenen und aufgewachsenen stellt der Wald einen Ausgleich dar. Erste Schülerjobs führten Bernhard früh ins geliebte Holz. Nach dem Abitur studierte er Forstwissenschaft in *Weihenstephan*. Während des Studiums legte er die Jagd-Prüfung ab. In der Zeit als Forstreferendar bei den *Bayerischen Staatsforsten* wechselte er zu einem Allgäuer Massivholzplatten-Hersteller, bei dem er als Betriebsleiter von zwei Standorten sein Wissen einbrachte.

In dieser Zeit, als Lieferant von *Schotten & Hansen*, lernte er *Torben Hansen* kennen. Sie entwickelten und realisierten gemeinsame Projekte — und neben der vorhandenen Leidenschaft für Holz, eine andauernde Freundschaft. 2014 wechselte *Bernhard Heinloth* zu *Schotten & Hansen*, wo ein hohes Maß an Aufgeschlossenheit, Kreativität und seine Materialkenntnis unerlässlich sind, um für anspruchsvolle Bauvorhaben die perfekten Lösungen zu finden. Einen Ausgleich zum Arbeitsleben findet der Familienvater weiterhin in den Wäldern des Alpenvorlandes: „Holz bedeutet privat Entschleunigung und sich Zeit nehmen zu dürfen. Die Arbeit mit Holz ist für mich ebenso etwas Besonderes: Es auswählen, bearbeiten und seine Schönheit entdecken, genauso aber auch seinen Wert zu steigern. Die Faszination dafür begleitet mich mein Leben lang."

1 — natürliche Essenzen aus dem Wald, die bei Schotten & Hansen zur Pflege und Veredelung zum Einsatz kommen.

SELBSTVERTEIDIGUNG

Durch ihre Ortsgebundenheit sind die Abwehrstrategien von Bäumen defensiv ausgelegt. Wie auch andere Pflanzen verteidigen sie sich mit physikalischen, chemischen und biologischen Maßnahmen gegen Schädlinge. Sie können vorbeugend handeln, aber auch erst im Ernstfall reagieren. Die Abwehr kann der Baum allein regeln oder er lockt Insekten-Arten an, die ihm helfen.

Der offensichtlichste Abwehrstoff der Bäume ist das Baumharz, das auch bei Verletzungen hilfreiche Dienste leistet. Bohrt sich ein Schädling in Rinde oder Holz, wird er vom gespeicherten und auslaufenden Baumharz verklebt. Gleichzeitig erhöht der Baum seine Harzproduktion um sich gegen einen Massenbefall zu rüsten.

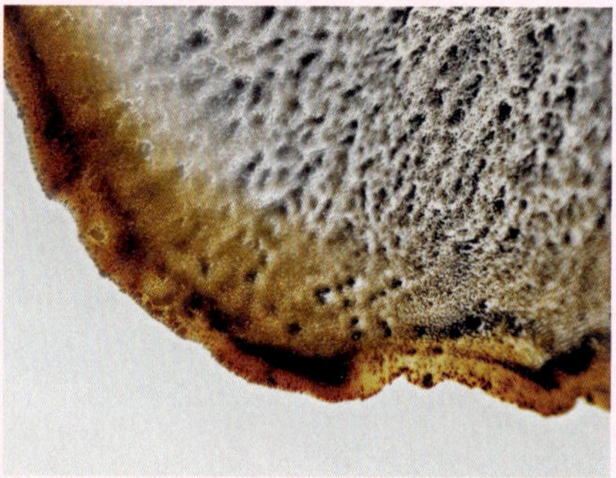

HOLZ LESEN

Was uns die Ringe im Stamm verraten? Was sagen sie uns Spaziergängerinnen und Spaziergängern, was dem Fachkundigen? Jedes Jahr bildet ein wachsender Baum unmittelbar unter der Rinde einen neuen Ring. Der Stamm wächst im Durchmesser, Ring für Ring. Untersuchungen mit dem Mikroskop am lebenden Baum werden nach Entnahme eines Bohrkerns durchgeführt. Ringe als Klimaarchiv. Baumringe konservieren aber auch das in ihnen gespeicherte Regenwasser. So kann chemisch analysiert werden, in welchen Perioden, wie viel und in welcher Qualität Wasser im Baum gespeichert wurde. So gibt der ph-Wert Aufschluss, wie sauer der Regen im Verlauf der Zeit war und welchen Einfluss das auf das Wachstum hat.

Übrigens: Deutschlands ältester Baum ist eine circa 3.000 Jahre alte Eibe, die auf 1.100 Meter Höhe in der Nähe von Balderschwang im Ostallgäu steht.

ROHDUNG

Der Wald lieferte den Menschen den ersten und wichtigsten Rohstoff: Holz. Seit der Antike explodierte der Bedarf: Römer, Kelten und Germanen erschlossen den mitteleuropäischen Wald als Lebensraum, nutzten Holz als Brenn- und Baumaterial für Städte, deren Befestigungen und den Schiffsbau. Im Mittelalter wurden riesige Flächen zudem für Bergbau, die Kohle- und Glasherstellung gerodet. Heute wird dem Wald nur das entnommen, was (an anderer Stelle) wieder aufgeforstet wird. Wenn wir heute geschlagene Stämme am Waldrand liegen sehen, fallen vor allem die aufgesprühten Zeichen auf. Diese bezeichnen Besitzer, Länge und Durchmesser, sowie die dort abgelegte Menge.

NATÜRLICHE VEREDELUNG

Nicht nur der gefällte Baum ist Rohstoff. Auch der lebende Baum liefert Substanzen, die sich natürlich mit Holz verstehen und meist viel besser als das synthetische Pendant sind und zur Wohngesundheit beitragen. Extrahiertes Harz wird zum Wiederaufbau verwitterter Holzoberflächen und zur Imprägnierung genutzt, da es in die Poren eindringt und dort Öle bindet. Ebenso verbindet sich Wachs hervorragend mit den im Holz gespeicherten Ölen: zum Beispiel *Bienenwachs*, *Schellackwachs* und *Mastix*. Letzteres wurde aufgrund seiner antibakteriellen Wirkung in der Frühen Neuzeit zur Zahnpflege, quasi als Vorläufer des Kaugummis genutzt. Pigmente, gewonnen aus steingrauem Granit, gelbem Eisenoxid oder Titanweiß, die man bei *Schotten & Hansen* verwendet, verleihen vor allem Holzböden, unter anderem einen leicht mineralischen Schimmer.

Theo Peter

BEMERKENSWERTE ARCHITEKTUR IN DEN VORALPEN

Wenn ein ehemaliger Banker mit seinen Projekten Architektur- und Umweltpreise bekommt, dann darf man das Wort „ungewöhnlich" schon einmal bemühen. Im Umkehrschluss bedeutet das aber auch, dass *Theo Peter* vieles richtig gemacht hat. Seine klare Vision von Nachhaltigkeit, Gestaltung und ansprechend funktionaler Architektur sind dabei stets die Basis seines Wirkens.

Ein Neuling auf dem Gebiet ist Peter nicht. Seit 30 Jahren beschäftigt er sich mit nachhaltigen, klimaschonenden Wohnprojekten, Baugemeinschaften und alternativen Finanzierungen. Mit seinem *BauZEIT-Netzwerk* trägt er diesem Ansatz Rechnung und realisiert seine Projekte ausschließlich mit gemeinschaftlichem Bauen ohne Bauträgerstrukturen. Dazu liefert er als Initiator gewichtige Argumente, wie Architektur im modernen Kontext funktionieren kann. Wesentlich sei, dass Häuser innen künftigen Bedürfnissen gerecht würden – und außen zeitlos schön blieben. Im Grunde sollen die Häuser den Menschen mehr Raum geben. Jedoch nicht etwa, um noch mehr Dinge anzuhäufen, sondern sie sollen die Bewohnerinnen und Bewohner dazu bringen, im Einklang mit der Umwelt und den Nachbarn zu leben. Gerade in Zeiten einer weltweiten Vernetzung, des immer weiter Getriebenseins, wird dieser Ansatz immer wichtiger, um ein Wohlfühlen zu ermöglichen. Wie aber lassen sich Außen und Innen, das Öffentliche und das Private verbinden und wie kann Architektur diese sozialen Fragen beantworten? Ein gutes Beispiel für eine passende Antwort ist das Quartier in *Garmisch-Partenkirchen*. Mit einer bürgerbeteiligten Baugemeinschaft entstand eine lebendige Mitte, in der sich Altes mit Neuem verbindet. Verdichtetes, modernes Wohnen mit Anleihen ortsgebundener Architektur. Das Modellprojekt zeigt, dass solche urbanen Ensembles nicht nur in der Großstadt zu finden sind und dort funktionieren, sondern auch in den bayerischen Voralpen. Bezahlbarer Wohnraum, identitätsstiftende Gemeinschaft inklusive eines nachhaltigen Hotels mit 18 Holz-Lodges, Tagesbar und Veranstaltungsräumen (siehe S.144).

ARCHITEKTUR IM EINKLANG MIT UMWELT & NACHBARSCHAFT

WEB
bauzeit-netzwerk.de

Auf den folgenden Seiten gibt Theo Peter einige Hinweise zu bemerkenswerter Architektur im *Voralpenland*. Denn da kennt er sich aus, schließlich wohnt und arbeitet er in *Münsing* direkt am *Starnberger See*.

1-2 — Stadthaus in München
3 — Quartier Garmisch-Partenkirchen

ATELIER BEMBE, DIEßEN AM AMMERSEE

Das Atelier ist ein einfaches Bauwerk mit klaren Strukturen. Für die besondere Haptik sorgen Materialen wie Holz, Beton und Glas. Die Räume werden als Malerateliers genutzt. Beim herrlichen Blick in den privaten Park werden Innen und Außen schnell zu einer Einheit.

bbdarch.de

SÄULENHALLE STOA 169, POLLING

Mitten auf einer Wiese in oberbayerischer Kulturlandschaft ist hier etwas ganz Besonderes gelungen. Nämlich Weltkunst in Form von Säulen. Hier können Besucherinnen und Besucher dazwischen wandern, staunen und natürlich die dazugehörigen Botschaften erleben. Bunt, kreativ, überraschend.

stoa169.com

HAUS IM WALD VON KENDO KUMA, ELLMAUER TAL

Reduzierte, detaillierte japanische Holzbaukunst mitten im Wald. Nur Holz, Glas und Bäume – sonst nichts. Ein gebautes *„fast nichts"* in Perfektion. Ungewöhnlich und ungemein interessant.

daskranzbach.de

HAUS PANSCHAR, BERG AM STARNBERGER SEE

Gute Häuser sind einfache Häuser. Das ist hier in besonderem Maße gelungen, was auch dem Bund Deutscher Architekten nicht verborgen blieb. Sie würdigten es aktuell mit dem *BDA Preis Oberbayern*. *Laura Weißmüller* formuliert es für die Jury so: „Was das Haus in Berg schließlich so besonders macht ist, wie es den Augenblick mit seinem Licht, seinen Begegnungen und Stimmungen in all seinen Räumen sinnlich erfahrbar macht."

hanspanschar.de

PFARRKIRCHE ST. JOHANN BAPTIST, HOLZHAUSEN

Meine schönste Kirche am schönsten Platz auf einer kleinen Anhöhe am Starnberger See. Das Bauwerk und die Landschaft werden ungemein stimmig zu einer wunderbaren Einheit. Schon der Anblick macht mich demütig.

erzbistum-muenchen.de

KÖNIGSHAUS AM SCHACHEN

Eine königliche *„Holzhütte"* auf 1866 Meter Höhe – etwas flapsig ausgedrückt. Aber erhaben und schön. Zum Bauwerk mit Panoramablick gesellt sich ein besonderer Alpengarten, 100 Jahre alt, mit Pflanzenarten aus vielen Hochgebirgen dieser Welt. Hier fühlt man sich dem Himmel ein Stückchen näher.

schloesser.bayern.de

FRANZ-MARC-MUSEUM, KOCHEL AM SEE

Beste Schweizer Architektur im Oberland in Verbindung mit einer gelungenen Altbaurestaurierung. Alte und neue Architektur aus Gestern und Heute bilden eine Einheit. Ein Museum mit außerordentlichen Ausstellungsqualitäten. Hier kann man der Kunst des *„blauen Reiters"* genau da nachspüren, wo die Künstler gelebt haben.

franz-marc-museum.de

GASTHAUS ZUM FISCHMEISTER, AMBACH

Einfache, stimmige Architektur aus vergangenen Zeiten. Und das Tollste: Weder das Gebäude noch seine Gasträume sind über die Zeit verhunzt worden, sondern fast unbeschadet ins Heute gekommen. Mit einem Biergarten zum Bleiben, direkt am Starnberger See.

zumfischmeister.com

Sanktjohanser

25

ADRESSE An der Ach 15-17, 82449 Uffing am Staffelsee — **T** 08846 914 211
IG @sanktjohanser_net — **WEB** sanktjohanser.net

Für *Sanktjohanser* gibt es eine grundlegende Beziehung zwischen gutem Design und Kultur. Ihre Vision ist Design mit klaren Formen und intelligenten Konzepten. Diese Leidenschaft teilen sie mit ausgewählten Händlern, Mitarbeitern und Kunden, die sie als Partner sehen, ohne die ihre Arbeit nicht möglich wäre. Architektur und Möbel definieren Räume von hoher und dauerhafter Qualität mit einer kreativen Harmonie, die aus dem Zusammenspiel von Mensch, Möbel und Bauwerk entsteht. Durch das Fertigen der Möbel vor Ort ist es möglich, über die Materialien und vorgesehenen Funktionen jedes einzelnen Stückes zu entscheiden. Jedes Stück wird auf Bestellung gefertigt, um eine gleichbleibende, sehr hohe Qualität zu gewährleisten. So sind insbesondere bei Sonderanfertigungen Materialeinsparungen und ressourcenschonendes Wirtschaften möglich.

Da Nachhaltigkeit bei *Sanktjohanser* wichtig ist, werden die Rohstoffe nur von zuverlässigen und vertrauenswürdigen Lieferanten bezogen und gründlich auf Qualität und Vollkommenheiten geprüft. Möbel von *Sanktjohanser* kann man mit gutem Gewissen kaufen.

Sepiah

26

ADRESSE Ettaler Straße 18 – 9, 82487 Oberammergau — **T** 0151 708 036 20
IG @sepiahseajewels — **WEB** sepiah.de

SEPIAH, Schmuck aus dem Meer geboren, beheimatet in den Ammergauer Alpen. Ernst Bierling, künstlerischer Tausendsassa und seine Frau Carla Margraf, ausgebildete Holzbildhauerin, sind die kreativen Köpfe hinter dem neuen Schmuck Label *SEPIAH*.

Die Idee zu *SEPIAH* entstand dank eines Sepiaknochenfundes an einem Strand in der *Ägäis*. Fasziniert von dem natürlichen Objekt mit seinen wellenförmigen Linien im Inneren, beginnt Ernst, der auch Goldschmied ist, sich mit der aus der Antike stammenden Ossa-Sepia-Gusstechnik zu beschäftigen, diese weiterzuentwickeln und zu perfektionieren. Das Ergebnis ist außergewöhnlicher und einzigartiger Schmuck, der dadurch ensteht, dass Silber oder Gold in Sepiaschalen gegossen wird. Die wellenartige Struktur der Sepiaknochen hinterlässt dabei einen individuellen Abdruck auf dem Guss.

Jedes Schmuckstück ist zeitlos schön und hochwertig verarbeitet. Es werden ausschließlich feinste und nachhaltige Materialien wie recyceltes 925 Sterlingsilber, recyceltes Gold sowie ethisch korrekte Edelsteine und Perlen verwendet, die Carla und Ernst nur von zertifizierten Unternehmen beziehen. Hergestellt wird der Schmuck in der eigenen Goldschmiede, sowie in innovativen Schmuckbetrieben in Deutschland. Drei Prozent der Jahreseinnahmen spenden die beiden an *Mission Blue*, eine Organisation, die sich erfolgreich für Meeresschutzzonen zum Erhalt der Artenvielfalt einsetzt.

Maronys Pottery

27

IG @marony_s_pottery

Inspiriert von der Küstenlandschaft, den Bergen und *Antoine de Saint-Exupery*: „Perfektion ist erreicht, nicht wenn man nichts mehr hinzufügen kann, sondern wenn man nichts mehr weglassen kann." Minimalismus und Multifunktionalität sind die tragenden Gestaltungsprinzipien, nach denen Mareen Lißner ihre schlichten, naturverbundenen Keramik-Kreationen gestaltet. In *Ohlstadt*, am Fuße des Heimgartens, ist die Autodidaktin mit *MARONYsPOTTERY* zu Hause. Dort entsteht jedes Stück als Unikat in eigener Handarbeit an der Drehscheibe. Ihre Keramiken zeichnen sich durch ein minimalistisches und zeitloses Design, Langlebigkeit und multifunktionale Verwendbarkeit aus. Durch die hohen Temperaturen im Brand erhält das sogenannte Steinzeug unter anderem auch die Spülmaschinentauglichkeit.

Ihre Entwurfslinien tragen Namen wie *Granite*, *Lava*, *Grinded Seashell* oder *Waves* und lassen Rückschlüsse auf Orte zu, die Mareen inspiriert haben. Dazu zählen die heimischen Berg- und Gesteinslandschaften genauso wie die Lava-Strände *Neuseelands*, die vom Ozean zerriebenen Muscheln oder die Wellenbewegung der Meere. Mareen besitzt kein klassisches Ladenlokal und keinen Onlineshop, deshalb am besten mit ihr direkt Kontakt aufnehmen.

MARONYS POTTERY

OHLSTADT

Racing Atelier

28

ADRESSE 82487 Oberammergau — **T** 0174 948 498 7
IG @racingatelier — **WEB** racing-atelier.com

„Hama ned z'vui, drong ma ned z'schwaar" lautete der Titel von Leander Angerers Masterarbeit für Industriedesign am *Central Saint Martins College* in *London*. Es bedeutet so viel wie, „wenn wir nicht zu viel haben, tragen wir auch nicht zu schwer daran". Dieser Satz beschreibt ziemlich gut den Menschen und Gestalter Leander, der im beschaulichen Oberammergau sein interdisziplinäres Design Studio *Racing Atelier* betreibt. In einer ehemaligen Schreinerei, die ihm und seiner Familie auch als Wohnort dient, entwickelt, gestaltet und fertigt er Objekte, Möbel und Produkte, im Auftrag von Marken und Einzelkunden, vor allem aber auch für sein eigenes Label *Racing Atelier*. Egal ob Möbel oder seine international erfolgreichen Rucksäcke, Leanders Produkte sind außergewöhnlich, innovativ und bestechen durch ihre sehr reduzierte Optik, hohe Funktionalität und herausragende Fertigungsqualität. Seine aufwändig von Hand gefertigten Rucksäcke aus in Deutschland gegerbtem Kuhleder und High-Tech Materialien wie Dyneema genießen in der Design Szene bereits Kultstatus und finden vor allem in Japan und den USA großen Anklang, wo die Wertschätzung für handwerklich hergestellte Dinge besonders ausgeprägt ist.

Wer bei Leander vorbeischauen möchte, sollte vorab einen Termin vereinbaren.

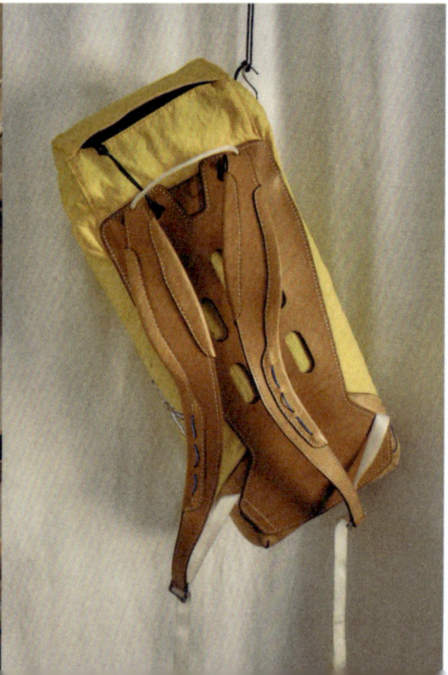

Ernst Gamperl

29

ADRESSE Maderbichl 5, 86989 Steingaden — **T** 08862 932 880 0
WEB ernst-gamperl.de

Oftmals sind es die Zufälle, die dem Leben eine entscheidende Wendung geben. *Ernst Gamperl* wollte eigentlich Schreiner werden und kam dann eher zufällig zum Drechseln. Damit aber begann eine lebenslange Liebesaffäre zwischen ihm und dem Holz. Er beginnt als Autodidakt – und schafft sich so von Beginn an die Freiräume, die es braucht, um sich unvoreingenommen mit einem Thema auseinanderzusetzen und Neues entstehen zu lassen.

Gamperls Skulpturen sind nicht einfach nur gedreht. Sie sind das Ergebnis einer langen, intensiven Auseinandersetzung mit dem Werkstoff Holz und ein ständiger Dialog. Was will das Holz, wo verformt es sich, wo gibt es Risse und Unregelmäßigkeiten – all das fließt in den Gestaltungsprozess seiner Holzgefäße mit ein, deren natürliche Ausdruckskraft er anschließend noch verstärkt. Etwa durch Wachsen und Polieren, Herausbürsten der Adern oder Einschneiden feinster Rillen oder eine Kontrastierung der verschiedenen Flächen gegeneinander.

Zum Beil greift Gamperl jedoch nicht. Stattdessen verwendet er Stämme, die dem Wind nicht standgehalten haben oder aus einem anderen Grund weichen mussten. Seine Skulpturen werden weltweit ausgestellt. Wer mag kann ihn aber auch im Atelier in *Steingaden* besuchen. Unbedingt vorher anrufen.

Manufaktur Grasegger

30

ADRESSE Im Tal 3, 82490 Farchant — **T** 08821 943 000
IG @grasegger_trachten — **WEB** grasegger-manufaktur.de

Seit über 15 Jahren entstehen im alpenländischen *Farchant* bei *Garmisch* mit liebevoller Präzision Originaltrachten und individuelle Maßkonfektionen. Zusätzlich zum normalen Garn lässt Grasegger auch eigenen Loden herstellen. Ehe die Wolle fein veredelt am Kleiderbügel hängt, ist jedoch echte Handarbeit angesagt. Zunächst liefern die Werdenfelser Bergschafzüchter, dann folgen in verschiedenen Manufakturen die Schritte Waschen, Spinnen und Weben. Um dem Loden dabei die typische feste, wasserabweisenden Struktur zu geben, wird er durch stundenlanges Waschen verfilzt. Doch egal in welcher Beschaffenheit – am Ende trifft das Garn in der *Grasegger Manufaktur* auf konkrete Ideen und geschickte Hände.

Über 1.400 verschiedene Schnittvariationen für Joppen und Westen finden sich mittlerweile im Fundus. Neben den traditionsorientierten, sind auch die modischen Linien begehrt. Einzelhändler aus ganz Bayern und Österreich führen die saisonal wechselnden Kollektionen der *Trachtenmanufaktur Grasegger.*

Geschätzt wird die etwas andere Handschrift, die hochwertige Verarbeitung und der Einsatz traditioneller Stoffe von Webern, die zu den letzten ihrer Art gehören. Vertraute Qualität, ganz ohne Kitsch. Dafür traditionell und sehr modern.

Wohnkultur Wöretshofer

31

ADRESSE Ballengasse 18-20, 82467 Garmisch-Partenkirchen — **T** 0175 436 660 2
IG @wohnkulturwoeretshofer — **WEB** wohnkultur-woeretshofer.de

Der *Partenkirchner* Florian Wöretshofer ist ein handwerklicher Freigeist und Gründer des Labels *Wohnkultur Wöretshofer.* Seine große Leidenschaft gehört dem Werkstoff Leder und seiner Hand schmeichelnden Haptik. So fertigt er zum einen nach eigenen Designs oder den Wünschen seiner Kundinnen und Kunden Gürtel, Taschen und Accessoires. Und zum anderen bezieht er Sitzmöbel, Türgriffe, Treppengeländer, Wände und sogar Parkett mit Leder. Alles sehr individuell, definitiv einzigartig und oft auch exotisch.

Aus den Wurzeln des Familienbetriebes Parkett und Raumausstattung Wöretshofer erlernte er seine Kenntnisse der klassischen Raumausstattung.

Die Begeisterung für die Lederverarbeitung hat ihn um die ganze Welt geführt. Bei gleichgesinnten Handwerksbetrieben von *Seoul* bis *Kapstadt* hat er sich inspirieren und weiterbilden lassen. All die gesammelten Eindrücke und das erlernte Wissen prägen sein kreatives Schaffen im *Partenkirchner* Atelier. Zusammen mit Freundin Verena kreiert er minimalistische Leder Accessoires unter dem *Label Andalui* (gegenüberliegende Seite).

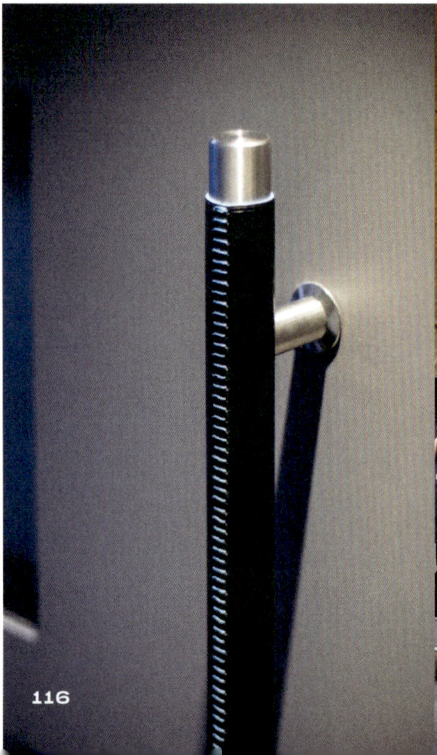

Andalui Design

32

ADRESSE Ballengasse 18-20, D-82467 Garmisch-Partenkirchen — **T** 01754 366 602
IG @andalui_design — **WEB** andalui.de

Andalui, sind Minimals, also kleine und clevere Produkte für den Alltag. *Andalui*, übersetzt, „An der Loisach“ ist eine Hommage an die Heimat *Garmisch-Partenkirchen* und das *Werdenfelser Land*. Die formschöne Gipfelpyramide der Alpspitze prägt das Logo des Labels.

Die Idee zu *Andalui* kam jedoch in der Ferne: Auf einer Backpacking Tour durch *Nepal*. Verzicht heißt auf solchen Reisen vor allem leichteres Gepäck, was wiederum mehr Freiheit bedeutet. Unnötiges weglassen war die Devise von Verena und Florian. So entstand deren Vision ihrer gemeinsamen Hausmarke. Der *Gapeidl* ist ein reduziertes Leder-Portemonnaie aus einem einzigen Stück Rindsleder, welches gefaltet und mittels Druckknopf-Nieten zusammengehalten wird. Es fasst ein paar Münzen, Scheine und Kreditkarten. Für Nutzerinnen und Nutzer von Kabel-Handy-Kopfhörern ist die *Zwicklisl* eine praktische Begleiterin.

Andalui Produkte, sofern aus Leder, werden ausschließlich aus süddeutschem und vegan gegerbtem Rindsleder hergestellt.

Thalyz

33

ADRESSE Zugspitzstraße 19, 82467 Garmisch-Partenkirchen — **T** 08821 545 99
IG @thalyzhandmade — **WEB** thalyz.de

Die Anfänge der kleinen Dorfschmiede im Herzen von *Garmisch* reichen bis 1649. Im Jahr 2016 hat Florian Aberl am gleichen Ort mit seinem Label *Thalyz* den Ofen wieder angeworfen. Seitdem entstehen an alter Wirkungsstätte nun Gegenstände aus Metall, Holz und Leder mit dem Anspruch von langlebiger Eleganz.

Die Schmiede und ihre Werkstatt sind weitgehend so erhalten, wie sie einst gebaut wurden. Im Laufe der Zeit wurden einige Maschinen wie Lufthämmer und Schleifmaschinen angeschafft, diese sind teilweise aber schon über 100 Jahre alt und verrichten dennoch zuverlässig ihren täglichen Dienst. Hier trifft Tradition auf Handwerkskunst. Gepaart mit alten Techniken fertigt Florian in Handarbeit besondere Unikate mit einer Geschichte. Handgeschmiedete Messer, Äxte, Eisenpfannen und Lederarbeiten sind die vier Bereiche, die stetig um neue Objekte erweitern werden sollen. Er möchte nicht nur ein Messer schmieden, schleifen und es mit einem Griff und einer Lederscheide versehen. Der Werdegang des Unikats soll spürbar sein und somit die Wertschätzung bekommen, die es verdient. Kleiner Tipp: Einfach mal Florians Messer mit Damastklinge in die Hand nehmen und sich verzaubern lassen.

Wildkaffee Rösterei

34

ADRESSE Bahnhofsstraße 8, 82467 Garmisch-Partenkirchen — **T** 08821 754 671 5
IG @wildkaffee — **WEB** wild-kaffee.de

„Stay wild“ prangert nicht nur als Claim auf jeder *Wildkaffee* Packung, sondern ist vielmehr als Haltung zu verstehen, der sich das ganze Team verschrieben hat. 2010 gründen der ehemalige Eishockey Profi Hardi Wild und seine Frau Stefanie die erste Kaffeerösterei in *Garmisch-Partenkirchen*.

Sie fokussieren sich von Anfang an auf handwerklich gerösteten Spezialitätenkaffee. Dabei legen sie großen Wert auf hohe Qualität, Nachhaltigkeit und soziale Verantwortung. So importieren sie mittlerweile über 85 Prozent des Rohkaffees selbst, zu fairen Bedingungen, direkt von den Kaffeebauern, die Hardi regelmäßig auf ihren Plantagen besucht.

Mit viel Leidenschaft und Akribie veredeln die *Wildschen-Röstmeister* Rohbohnen durch eine schonende Langzeitröstung und kitzeln die besten Aromen aus den Bohnen heraus. Das Ergebnis sind 16 völlig unterschiedliche Kaffeesorten, jede für sich einzigartig in ihrer komplexen und filigranen Geschmacksstruktur.

Am besten schaut man direkt in der stilvollen Showrösterei im Zentrum von *Partenkirchen* vorbei und taucht mit allen Sinnen in die Welt von Wildkaffee ein.

Chocolaterie Amelie

35

ADRESSE Ludwigstraße 37 & Am Kurpark 3, 82467 Garmisch-Partenkirchen
T Ludwigstraße: 08821 184 220 2 | Kurpark: 08821 943 066 0
IG @chocolaterie_amelie — **WEB** chocolaterie-gap.de

Mit der *Chocolaterie Amelie* in *Garmisch-Partenkirchen* hat Familie Kässer sich ihren eigenen Schokoladentraum verwirklicht.

Sobald sich die Ladentüre hinter einem schließt, steht man in einem 150 Quadratmeter großen Schokoladenparadies im Herzen *Partenkirchens*. Durch die gläserne Manufaktur kann man den Chocolatiers bei ihrer täglichen Arbeit zuschauen. Sohn Linus, der kreative Kopf der Produktion, der den Betrieb in zweiter Generation fortführen wird, sammelte schon früh in bekannten Sterneküchen im In- und Ausland wertvolle Erfahrungen. Auch aus diesem Grund ist die Auswahl der handgefertigten Kreationen so vielfältig, wie einzigartig: Bruchschokoladen, Tafelschokoladen, Nougatspezialitäten und Formfiguren, nicht zu vergessen: die Pralinen. Jeden Monat kreiert er neue Rezepturen, um Kundinnen und Kunden immer wieder ein unverwechselbares Geschmackserlebnis in den Mund zu zaubern, an das sie sich möglichst lange erinnern. Über 60 Monatspralinen gab es bereits zu erschmecken. Seit 2019 beziehen die Kässers ihre Schokolade aus dem nachhaltigen *Cacao-Trace-Programm*. Das kommt nicht nur den Kakaobauern zu Gute, sondern schlägt sich auch in der außergewöhnlichen Qualität nieder. Ein Gewinn für alle.

Chocolaterie
Amelie

Chocolaterie

Geigenbau Leonhardt

36

ADRESSE Mühlenweg 53, 82481 Mittenwald — **T** 08823 801 0
IG @geigenbau.leonhardt.mittenwald — **WEB** violin-leonhardt.de

Menschen, die Geigen bauen, müssen zwei Talente im Höchstmaß in sich vereinen: Zum einen den handwerklichen Umgang mit sehr sensiblem Holz. Und zum anderen die künstlerische Sensibilität in die eigene Arbeit einfließen zu lassen, damit musikalische Feinheiten in der Modulation und Klangschönheit überzeugen.

Da ist es hilfreich, wenn man, wie Herr Leonhardt, von klein auf in einer Streich-Instrumentenbau Werkstatt aufwächst und mit Handwerk und Musikerinnen und Musikern einen ganz natürlichen Umgang entwickelt.

Rainer W. Leonhardt ist Geigenbauer in vierter Generation, seit 1990 Meister. Neben dem Geigenbau ist er auch Meister darin Instrumente zu stimmen und Streichbögen zu bauen. Die Hölzer, ausschließlich Ahorn und Fichte, die bei Leonhardt zum Einsatz kommen, sind nach Mondphase geschlagen, natürlich getrocknet, lange gelagert und kommen ausschließlich aus nachhaltiger Forstwirtschaft aus den heimischen, österreichischen oder bosnischen Wäldern.

Wer sich für seine Meisterwerke deutscher oder italienischer Machart interessiert, kann bei *Geigenbau Leonhardt* in Ruhe ausprobieren und aus einem reichen Sortiment auswählen. Termine am besten nach vorheriger Absprache.

Karlmeise

8

ADRESSE Am Mohrenplatz 5, 82467 Garmisch-Partenkirchen — **T** 0176 966 039 08
IG @karl_meise — **WEB** karlmeise.de

Keramik, Karten, Kindersachen. Schmuck, Shirts, Shoppertaschen. Halstuch, Handcreme, Himmeli. Becher, Bastel, Buchidee. Dosen, Duschgel, Dirndlspange. Und ein Kissen für die Wange. Das ist die *karlmeiseweise*, Geschenk, Gedicht, Gedankenreise. Und schon steht man mittendrin, im *karlmeise*, Garmisch-Partenkirchens erstem Concept Store.

Dort sind die Grenzen fließend. Denn die beiden Inhaberinnen Eli und Lisa bündeln ihre kreativen Ideen. So wird im Kundenauftrag getextet, illustriert und konzipiert – und nebenbei öffnen sie zu bestimmten Zeiten ihren Shop, um in Wohnzimmeratmosphäre handgefertigte Produkte zu verkaufen. Die entstehen großteils direkt vor Ort und lassen sich oft noch individualisieren. Kundenkontakt ist ausdrücklich erwünscht und man kann den beiden bei der Arbeit gerne über die Schultern schauen. Wort auf Produkt, Illustration auf Karte, Überraschung in die Tüte – mit Gespür für Form und Design, ohne Hochpreishürden oder dem Gefühl, in einem Bitte-nicht-anfassen-Laden zu stehen. Und darüber hinaus? Schwappen Ideen von einem Bereich in den anderen und genau das macht *karlmeise* aus. Genauso wie die Einladung, auch mal nur einen schönen Gedanken mitzunehmen.

Sport Conrad

9

ADRESSE Chamonixstraße 3–9, 82467 Garmisch-Partenkirchen
Blumenstraße 35, 82407 Wielenbach | Bahnhofstraße 20, 82377 Penzberg
Obermarkt 18, 82418 Murnau am Staffelsee — **T** 08856 936 713 3
IG @sportconrad — **WEB** sport-conrad.com

Sporthändler aus Leidenschaft, und das mittlerweile in vierter Generation. Begonnen hat die Erfolgsgeschichte 1897 mit einem kleinen Schusterladen im oberbayerischen *Penzberg* und einer Familie, die für den Berg- und Skisport brennt. Aus dem einstigen Schusterladen entwickelt sich ein überregional bekannter Wintersport- und Outdoorhändler, mit vier Filialen und einem international erfolgreichen Onlineshop.

Sport Conrad steht für geballte Ski- und Bergsportkompetenz, bietet eine Top-Auswahl an Marken und legt großen Wert auf eine persönliche Beratung durch Expertinnen und Experten, die selbst begeistert Outdoorsport betreiben. Geführt wird das Unternehmen heute von Hans Conrad und seiner Schwester Christina Linder, die mit großer Leidenschaft, verantwortungsvollem Handeln und Weitsicht die Familientradition fortsetzen. Umweltbewusstsein und Nachhaltigkeit spielen dabei für sie eine zentrale Rolle. So wurde 2019 die Initiative *„Wir denken um"* ins Leben gerufen, mit dem Ziel den eigenen ökologischen Fußabdruck im Unternehmen schrittweise zu verbessern, aber auch Kundinnen und Kunden verstärkt für Produkte nachhaltig agierender Marken zu sensibilisieren.

ORTOVOX

SPORT
conrad

Trachten Grasegger

10

ADRESSE Am Kurpark 8, 82467 Garmisch-Partenkirchen — **T** 08821 943 000
IG @grasegger_trachten — **WEB** grasegger.de

Bei den Graseggers geht's ums „Gwand". Und das heißt nichts anderes, als dass man sich bereits in vierter Generation ausschließlich darum kümmert, dass Käuferinnen und Käufer nicht nur gut darin aussehen, sondern sich auch entsprechend wohlfühlen.

Prächtige Lüftlmalereien zieren die Fassade des Stammhauses in der Fußgängerzone in *Garmisch-Partenkirchen*. Drinnen wird man umgarnt von einer Behaglichkeit, die sonst nur ein Familienbesuch herstellen kann. Bekannte und unbekannte Gerüche dringen in die Nase, viel Holz, Wandverkleidungen mit geschnitzten Reliefs, der Vorhang der Umkleidekabinen ist aus Loden. Freilich möchte man rufen, schließlich ist Stoff im *Grasegger* der wahre König. Das ganze Team setzt sich intensiv mit Stoffqualitäten wie Loden, Leinen, Baumwolle und Seide auseinander und verfolgt alle Stufen genau – vom Weben über die Veredelung bis hin zum Bedrucken.

Jede Saison hat ihr individuelles Farbkonzept, umgesetzt in verschiedensten Dessins und Drucken. Als Basis für die große Vielfalt im Sortiment ist die eigene Sammlung alter *Mod'l*, mit denen alle Dirndlstoffe bedruckt werden: Baumwollpopeline und Satin, Leinen, Loden und Seide. Behagliche Tradition zum Hineinschlüpfen.

11 PLATZFISCH

Fisch verliebt

Im *Platzfisch* gibt's, na klar, Fisch. Aber nicht irgendwelchen, sondern heimischen, aus nachhaltiger Zucht, fangfrisch. Manuela Merk und Dominik Blees betreiben ihren kleinen Laden selbst und bieten ausschließlich frischen Fisch, Räucherfisch und Fischfeinkost an. Dabei möchten sie das Bewusstsein und die Vielfältigkeit für heimischen Fisch verändern. Sushi aus dem Saibling oder kaltgeräucherte Graved Lachsforelle – die bayerische Fischzucht wird hier weiter gedacht. Ihre Spezialität: der goldgeräucherte Fisch. Ein Traum.

Klammstraße 21, 82481 Mittenwald, Tel: 08823 863 0
Web: platzfisch.de, IG: @platzfisch

12 BSONDERS & GUAD

Herzens-guad

Wenn man schon reinste, biologische Mehlsorten verkauft, kann man doch auch gleich Produkte aus Mehl anbieten. So oder so ähnlich haben sich Claudia und Florian das gedacht und ein exzellentes – besonderes und gutes – Sortiment für ihren Kramerladen in der beschaulichen Fußgängerzone der Marktstadt Mittenwald zusammengestellt. Neben verschiedenen Pasta- und Brotsorten bietet das heimelige Geschäft auch Backmischungen, Pestos, Brotaufstriche und Süßes. Alles von Hand gemacht und wertschätzend gegenüber Produkt, Rohstoff und Produzierenden.

Obermarkt 16, 82481 Mittenwald, Tel: 08823 936 910 0
Web: bsonders-guad.de, IG: @bsondersguad

TIPP

BURGEN & SCHLÖSSER

Vor allem König Ludwig II. hat Bayern beeindruckende Schlösser und Burgen geschenkt. Alle liegen an wunderschönen Orten und jeder Besuch ist wie eine Zeitreise.

SCHLOSS NEUSCHWANSTEIN

Das wohl meist fotografierte Schloss der Welt. Jeder kennt es und trotzdem waren viele noch nie dort.

SCHLOSS HOHENSCHWANGAU

Die kleine Schloss-Schwester von Neuschwanstein. Wunderschön gelegen und ideal, um die Gegend zu Fuß zu erkunden.

SCHLOSS LINDERHOF

Versteckt in einem großen Park in den Ammergauer Alpen, liegt das Neorokoko Schloss. Eine Besichtigung lässt sich toll mit einer Wanderung auf die Brunnenkopfhäuser verbinden.

KÖNIGSHAUS AM SCHACHEN

Komplett aus Holz gebaut thront es hoch oben im Wettersteinmassiv auf über 1.800 Meter und wartet wohl mit der spektakulärsten Lage auf. Nur zu Fuß oder mit dem MTB erreichbar.

NEUES SCHLOSS HERRENCHIEMSEE

Das prunkvolle Schloss wird auch als Bayerisches Versailles bezeichnet und liegt auf Herrenchiemsee, der größten Insel des Chiemsees.

SCHLOSS HOHENASCHAU

Das Schloss wacht auf einem kleinen Hügel hoch über dem Ort Aschau über den Eingang des oberen Prientals.

BURG BURGHAUSEN

Die längste Burganlage der Welt erstreckt sich über einen Kilometer oberhalb der malerischen Altstadt an der Salzach.

Katharina Kestler

DOPAMIN STATT ADRENALIN – VOM GLÜCK DEN BERGEN NAH ZU SEIN

Katharina „Kaddi" Kestler ist freie Journalistin aus *München*, die es geschafft hat ihre Berg- und Outdoorleidenschaft zum Beruf zu machen – zumindest ein bisschen.

Schon als Kind hat sie die Achsen vom Skateboard abgeschraubt und am heimischen Schlittenberg im fränkischen Jura gedacht, sie hätte einen neuen Sport erfunden. Als ihr Lieblingskletterbaum im Biergarten gefällt wurde, beschwerte sich die kleine Katharina vehement beim dortigen Personal. Einmal hat sie bitterlich im Auto ihrer Eltern geweint, als auf der Heimfahrt aus den Ferien die geliebten Berge im Rückspiegel immer kleiner wurden und dann nicht mehr da waren. Heute lädt Katharina Fahrrad, Ski und Bergstiefel eigentlich nie aus dem Auto aus, um auch spontan einsatzbereit zu sein. Der Rest ihrer Ausrüstung steht, wie könnte es anders sein, neben ihrem Bett.

Sie ist Teil des *Bergfreundinnen Podcast* von *Bayern 2* und den *Munich Mountain Girls*. Bei der on- und offline Bergfrauencommunity engagiert sich Kaddi seit dem Start in 2016. Im Bergfreundinnen Podcast ist sie neben *Anna Hadzelek* und *Toni Schlosser* eine der drei Hosts. Jede Woche widmen sich die Folgen Berg-Themen – von Selbsteinschätzung über Nachhaltigkeit bis hin zu Verlust und Tod. Den *Bergfreundinnen Podcast* gibt es überall, wo es Podcasts gibt.

Beim Onlinemagazin *Outville*, mit dem wir für dieses Buch zusammengearbeitet haben, ist sie Autorin eigener Beiträge und aufgrund ihres scharfen Blickes für die redaktionelle Abnahme sämtlicher Texte zuständig. Natürlich findet Katharinas Berufsleben nicht nur draußen statt: Bei *PULS*, dem jungen Content-Netzwerk des *Bayerischen Rundfunks*, verantwortet sie als Projektleiterin das *PULS Talente Programm*. Ein einjähriges Traineeprogramm, das den journalistischen Nachwuchs in puncto Herkunft und formaler Ausbildung diverser machen will.

Die Berge, die sie seit frühester Kindheit liebt und braucht, wie *Asterix* seinen Zaubertrank, sind für sie dennoch mehr Dopamin als Adrenalin. Schaut man sich Bilder von KK in Action an, verschlägt es einem den Atem. Aber gerade dabei tankt sie Energie und sammelt Erfahrungen.

In diesem Buch steht eher Entspannung im Fokus, da aber jede und jeder etwas anderes darunter versteht, wollten wir gerade von Katharina wissen, wo sie am liebsten Adrenalin ab und Dopamin aufbaut.

INSTAGRAM
@bergfreundinnen
@kaddi_kestler

IMMER IM KOFFERRAUM: IHR SPORTEQUIPMENT

KURATORIN

KATHARINA KESTLER

BIKEPARK OBERAMMERGAU

Klein, aber fein. So ausgelutscht die Floskel ist, so sehr trifft sie auf den *Bikepark Oberammergau* zu. Zwei Schlepplifte erschließen sechs abwechslungsreiche Trails, die von *easy peasy Flow* bis zu hakeligen Spitzkehren, hohen Sprüngen und steilen Kurven alles bieten, was das Herz von Mountainbike-Fans je nach Laune und Fahrkönnen begehrt. Das Tagesticket kostet 27 Euro, wer (noch) kein Bike hat, kann vor Ort eines leihen inklusive der zu empfehlenden Schutzausrüstung und wahlweise einem Kurs.

bikepark-oberammergau.de

SEESAUNA TEGERNSEE

Wahrlich kein Geheimtipp mehr und dennoch für Fans einer entspannenden Auszeit vollumfänglich zu empfehlen: Die *Seesauna Tegernsee*. Panoramasauna, Saunaschiff, Zirbensauna, Kelo-Aufgusssauna, Sole-Becken, Whirlpool und so weiter. Nach dem Schwitzen erst abkühlen im und danach mit Blick auf den Tegernsee entspannen. Besser meiden an Wochenenden und Feiertagen, die im Wetterbericht schon als ungemütlich angekündigt wurden – denn dann kann es voll werden. Lässt sich perfekt kombinieren mit Bergausflügen rund um den *Tegernsee*.

monte-mare.de/tegernsee

SKITOUR UM DEN TAUBENSTEIN

Das Gebiet rund um den Taubenstein am Spitzingsee ist ein abwechslungsreiches Skitourengelände, in dem man je nach verfügbarer Zeit und skifahrerischem Können die passende Herausforderungen findet. Von der schnellen Abendrunde über die stillgelegte Pistentrasse zum *Taubensteinhaus* über die längere *Tanzeck Reibn* bis zur technisch anspruchsvollen *Hochmiesing Nordrinne* ist mit 500 bis 1.500 Höhenmetern Aufstieg in dem kleinräumigen aber abwechslungsreichen Gelände alles dabei.

BIKE & HIKE AUF DIE KAMPENWAND

„I gangert gern auf'd Kampenwand, wenn I mit meiner Wamp'n kannt." Den Spruch kennt im *Chiemgau* jedes Kind. Doch eigentlich ist der Weg auf die *Kampenwand* auch mit Bauch gut machbar, denn der Aussichtsberg ist mit einer Gondel erschlossen. Wer sich trotzdem für die sportliche *Bike & Hike* Variante entscheidet, sollte sich auf gut 800 Höhenmeter zum Teil recht steile Auffahrt einstellen. An der Steinlingalm auf 1.467 Metern lässt man das Rad stehen. Die letzten 200 Höhenmetern machen mit leichter Kletterei die abwechslungsreiche Tour perfekt.

BAYERISCHE WILDALM

Sonnig an einem geschützten Hochmoor im Mangfallgebirge liegt die *Bayerische Wildalm*. Die Selbstversorgerhütte der Sektion München Oberland mit zwölf Schlafplätzen ist ein idealer Ausgangspunkt für Touren auf die Halserspitz direkt hinter der Hütte, den unspektakulären aber aussichtsreichen Schildenstein oder auf den imposanten, 2.194 Meter hohen Guffert. Letzterer erfordert Trittsicherheit und gute Kondition.

alpenverein-muenchen-oberland.de/bayerische-wildalm

GRÜNDHÜTTE, HIRSCHBERG

Ein Hüttenträumchen aus dem Bilderbuch. Die Gründhütte ist eine kleine, urige Selbstversorgerhütte der *DAV Sektion München Oberland* mit zehn Schlafplätzen auf 1.195 Metern am Hirschberg bei Tegernsee. Sie liegt an einem sonnigen Südhang und dient im Sommer wie im Winter als praktischer Stützpunkt für Touren in Richtung Hirschberg und Silberkopf – ein auch für Skitourenneulinge geeignetes Revier. Im Winter geht der *Hirschbergschlepplift* direkt zur Hütte. Im Sommer ist die Hütte wegen der großen Wiese und der ungefährlichen Umgebung besonders auch für Familien geeignet.

alpenverein-muenchen-oberland.de/gruendhuette

RENNRAD-TOUR DURCHS VALEPP

„Ist die Valepp schneefrei?" Wenn diese Frage schon im Februar in den einschlägigen Rennrad-Gruppen oder -Foren gestellt wird, dann ist klar, was für einen Stellenwert die Straße bei Fans schmaler Reifen hat. Die zum Teil für den öffentlichen Autoverkehr gesperrte Mautstraße ist ein absoluter Rennradklassiker. Passenderweise sieht die Route vom Tegernsee zur österreichischen Grenze und über Spitzing- und Schliersee zurück wie ein großes V aus. Wer sie von München aus fährt, muss 150 Kilometer und um die 1.300 Höhenmeter erstrampeln, mit Auto oder Zuganreise kann aber auch am Tegernsee gestartet und dementsprechend abgekürzt werden.

Gasthof Dorfwirt

9

ADRESSE Pürschlingstrasse 2, 82497 Unterammergau — **T** 08822 949 694 9
IG @dorfwirt_and_friends — **WEB** gasthaus-dorfwirt.com

Ehrlich, bodenständig, unaufgeregt aber mit Schmackes. Das trifft nicht nur auf Thomas Zwink, den Koch und Wirt vom *Dorfwirt* in Unterammergau zu, sondern auch auf seine bayerische Cross-over-Wirtshausküche mit Hang zum *fine dining*. Zusammen mit seiner Frau Brigitte und einem kleinen Team zaubert er aus hochwertigen Produkten, die er vorwiegend von kleinen Produzenten aus der Region bezieht, unglaublich feine Gerichte, die er auf seine Art bayerisch, aber trotzdem außergewöhnlich interpretiert. So serviert er seine Version des Klassikers *Surf & Turf* als saftiges Zanderfilet auf deftiger *Mangalitza-Blutwurst* und mildem Krautsalat, abgerundet durch eine ausgewogene Dijon-Senfsauce mit eingelegter Senfsaat und gelb-braunem Linsen-Mix. Die *Mangalitza* Schweine, aus denen Zwink unter anderem die Blutwurst oder seinen sagenhaften Lardo herstellt, züchtet er übrigens selbst. Eine feste Speisekarte gibt es nicht. Dafür werden Unverträglichkeiten oder *No Gos* abgefragt. Sind diese geklärt, geht die Post ab, mit einem kulinarischen Überraschungsfeuerwerk, dessen Umfang man selbst bestimmen kann. Unbedingt vorab reservieren.

Dorfwirt

10 SEERESTAURANT ALPENBLICK

Genuss mit Aussicht

Der Name ist Programm. Direkt am idyllischen *Staffelsee* gelegen, trumpft das *Seerestaurant Alpenblick* in *Uffing* nicht nur mit einem Wahnsinns See- und Bergblick auf, sondern auch mit leckeren, frisch zubereiteten Gerichten. Der Fisch kommt direkt aus dem *Staffelsee* oder dem eigenen Weiher, das Wild aus den umliegenden Wäldern, die Kräuter aus dem eigenen Garten und Salat und Gemüse aus der Region. Direkt nebenan lässt es sich wunderbar im kleinen Seebad entspannen. Und wer es gerne etwas aktiver hat, kann sich ein kleines Ruderboot ausleihen und den See erkunden.

Kirchtalstraße 30, 82449 Uffing am Staffelsee
Tel: 08846 930 0, Web: seerestaurant-alpenblick.de
IG: @seerestaurant_alpenblick

11 LUDWIG HALLER METZGEREI

What A Wurst

Seit 1896 gibt es am *Untermarkt 8* in *Murnau* die *Metzgerei Haller* mit angeschlossener Gastwirtschaft. In vierter Generation führt Ludwig zusammen mit seiner Frau Adelheid den kleinen, sympathischen Betrieb. Für Fleisch- und Wurstliebhaber ein wahres Paradies. Hier wird mit großer Leidenschaft alles frisch hergestellt und kommt in höchster Qualität, wenn möglich bio, in die Verkaufstheke oder direkt als leckere, saisonale Gerichte auf den Teller. Das Fleisch beziehen die Hallers vorwiegend aus der Region, vom eigenen Biobauernhof, sowie von meist kleinen, landwirtschaftlichen Betrieben. „Und da es ja nicht immer nur im die Wurst gehen muss", finden mehrmals im Jahr auch Konzerte und Lesungen statt.

Untermarkt 8, 82418 Murnau, Tel: 08841 173 3
Web: metzgerhandwerk-haller.de, IG: @metzgerei_haller

Panorama 2962

12

ADRESSE Partenkirchen 2, 82475 Garmisch-Partenkirchen — **T** 08821 797 0
IG @zugspitze.de — **WEB** zugspitze.de

Man nehme den freien Raum einer Bergstation, stelle ihn mit Bierbänken voll und fertig ist die Gipfelgastronomie. So oder so ähnlich hat es sich zugetragen, als vielerorts die ersten Bergrestaurants an den Stationen der Seilbahnen entstanden sind.

Glücklicherweise haben inzwischen Architektinnen, Architekten und Feingeister an Einfluss gewonnen. Auf Bayerns, und ja, auch Deutschlands, höchstem Berg ist mit dem *Panorama 2962* ein stilvolles Gipfelrestaurant mit mehreren unterschiedlichen Bereichen entstanden. Einzig die alte Gipfelstube wurde mit Originalteilen und Holz aus der alten Station belassen. Der Echtholzboden anstatt eines pflegeleichten, mit Skischuhen begehbaren Belags war ein großer Diskussionspunkt. Auch die Schallschutzdecken für einen besseren Raumklang und geräuschreduzierende Vorhänge waren für viele Techniker der alten Schule eine neue Erfahrung.

Über die Zeit kamen neue Ideen heimischer Maker dazu, etwa das Beziehen von *Hay*-Stühlen mit *Werdenfelser Loden*. Während das Personal der Zugspitzbahn in den letzten Jahrzehnten oft in andere Bergregionen zur Ideensammlung gefahren ist, kommen die Kolleginnen und Kollegen mittlerweile lieber ins *Panorama 2962*. So ganz verkehrt kann es also nicht geworden sein.

Cuatro Hombres Bar

13

ADRESSE Promenadestraße 14, 82467 Garmisch-Partenkirchen — **T** 08821 697 480 0
IG @cuatrohombres — **WEB** 4hombres.de

Was passiert, wenn vier Garmischer Reisefreunde nach Spanien aufbrechen? Erst werden sie zu *El Rey*, *Hipster Klaus*, *Trekking Hans* und *Trachten Franz*, genießen Land und Leute. Vor allem aber lassen sie sich treiben, Gedanken schweifen und Ideen entstehen. Genau eine solche lassen sie dann zu Hause Realität werden. Willkommen in der *Cuatro Hombres Bar*!

Deshalb spricht man jetzt am Fuße der *Zugspitze* auch a bisserl Spanisch – also zumindest was die Sprache der Küche und Getränke angeht. Die Cocina bietet genau das, was man unter Freunden besonders schätzt: würzige Tapas und Tortillas mit Zutaten aus dem Werdenfelser Land, eine Handvoll gut zubereiteter Gerichte ohne jedes Chichi. Dazu einen *Mojito* oder doch lieber einen *vino tinto*? Man darf auch einfach einen Kaffee trinken oder den Feierabend mit einem kleinen *cerveza* einläuten. Das ist das Schöne an diesem neuen Treffpunkt in *Garmisch*: alles darf, nichts muss. Die vier Freunde haben es vorgemacht, ein Ort gelebter Weltoffenheit, Toleranz und Lebenslust. Südländische Leichtigkeit trifft Werdenfelser Wurzeln, Hirschleder auf mexikanische Keramik, Grafitti auf forstgrünes Tuch. *Caramba*.

Cuatro Hombres Enoteca

14

ADRESSE Promenadestraße 14, 82467 Garmisch-Partenkirchen — **T** 08821 697 480 0
IG @cuatrohombres — **WEB** 4hombres.de

Die Geschichte der *Cuatro Hombres* ist eine der Freundschaft, aber auch eine der Freiheit. Da ist es nur logisch, dass genau dieses Wort die hintere Wand des äußerst entdeckungsdurstigen Ladens ziert. Stilecht auf Kacheln, direkt neben dem schnurrbärrtigen Gaucho: *„Libertad"*. Weil Freiheit und Freundschaft mit einem Glas Wein in der Hand noch viel besser zusammenfinden, finden hier Weinfreunde genau das, was ihnen gefällt – oder besser gesagt: gefallen könnte. Denn in den Weinregalen und auf der alten Werkbank mitten im Raum steht vor allem das, was den Betreibern der benachbarten Bar *Cuatro Hombres* schmeckt und sie auf ihren gemeinsamen Ausflügen entdeckt, getrunken und für gut befunden haben.

Wer hier also seinen Wein sucht, der reist ihnen auch ein Stück weit hinterher. Kein Wunder, dass man eher mit ein paar unterschiedlichen Weinen nach Hause geht als mit einer ganzen Kiste desselben. Doch auch hier gilt: Für jeden Anlass gibt es die richtige Flasche, egal, ob Rotwein für den Sonntagsbraten, Rosé für laue Sommerabende im heimischen Garten oder ein erfrischender Weißwein. Weine für eine gute Zeit. Ergänzt um ein kleines, feines Sortiment von Bränden, lokalen Bieren und weinaffinen Accessoires und Geschenken.

Das Marktrestaurant

15

ADRESSE Dekan-Karl-Platz 21, 82481 Mittenwald — **T** 08823 926 959 5
IG @andreashillejan — **WEB** das-marktrestaurant.de

Um die Küche von Andreas Hillejan zu beschreiben, bräuchten wir viele Wörter. Sehr viele. Leidenschaftlich, neu und kreativ trifft es – und bleibt dabei doch nur vage. Denn Hillejan kocht, experimentiert und probiert sich in den verschiedensten Bereichen aus. Wie das schmeckt? Zum Beispiel so: Lachsforelle mit grünem Spargel und Zitronenpüree, Bergbauernravioli mit Röstzwiebelsud und Almkäse oder Rehragout mit Steinchampignon und Gewürzbrotknödel. Oberste Prämisse: Unkompliziert soll es sein, egal, ob einfache Gasthausküche oder Fünf-Gänge-Gourmet-Menü.

In den Topf wandert dabei exquisite, regionale Qualität. Durch das Netzwerk der *Jeunes Restaurateurs* kennt Hillejan alle in Landwirtschaft, Zucht oder feinen Manufakturen tätigen Menschen, von denen er die Produkte für seine feine Karwendelküche bezieht, persönlich. Zum anderen trägt der Chef mit seiner Kochkunst selbst dazu bei. Ab und zu landet ein kleines Stückchen *niederrheinische* Heimat mit auf seiner Speisekarte. Etwa „Himmel und Erd vom Schweinebäckchen mit Kartoffel-Apfelpüree." Und wo könnte der Himmel schöner schmecken als in seiner neuen Heimat *Mittenwald*? Das merkte auch der *Guide Michelin* und vergab einen Stern. Wir sagen: *Chapeau*.

10 DIE BLEIBE

Kommen um zu bleiben

In der *Bleibe* von Stefanie Alexy, am Fuße des *Hörnle* in *Bad Kohlgrub*, würde man am liebsten für immer bleiben. Das liegt zum einen an dem traumhaften, unverbauten Blick über die Wiesen bis hinauf zu den Bergspitzen und zum anderen an dem außergewöhnlichen Haus aus Sichtbeton, Holz, Stahl und Glas. Darin befindet sich die lichtdurchflutete Ferienwohnung für bis zu sechs Personen, die geschmackvoll und hochwertig eingerichtet ist. Gekocht, gegessen und gechillt wird im Erdgeschoss. Sich gewaschen und geschlafen wird im hellen Souterrain, wo es ein Bad sowie drei kleine Schlafzimmer gibt, zwei davon mit kuscheligen Schlafkojen.

Lindachtal 9, 82433 Bad Kohlgrub, Tel: 08845 757 546 8
Web: bleibe-gesucht.de, IG: @bleibe_ferienwohnung

TIPP

FREILICHTMUSEEN

Früher, als alles noch von Hand gemacht wurde, war das Leben auf dem Hof anstrengend und schwer. Freilicht-Museen bilden das Leben von damals anschaulich ab.

ALLGÄUER BERGBAUERNMUSEUM DIEPOLZ

Auf 1.000 Metern vor spektakulärer Alpenkulisse. Datiert auf den Anfang des 19. Jahrhunderts. Schaukäserei, Brotzeit-Gelegenheit und Tierrassen von damals.
bergbauernmuseum.de

WASMEIER FREILICHTMUSEUM SCHLIERSEE

Braukurse in der eigenen Brauerei, Weisswurscht-Seminare, Kräuterwanderungen und vieles mehr. Das Wasmeier Museum bietet Führungen, Tastings und Kurse für Erwachsene und Kinder. Liebevoll restaurierte Werkstätten vermitteln authentisch wie Handwerk damals war.
wasmeier.de

FREILICHTMUSEUM GLENTLEITEN

Größtmögliche historische Genauigkeit und somit Erhalt des oberbayerischen Kulturgutes. Das Freilichtmuseum Glentleiten erzählt Geschichten vom Leben vergangener Generationen, vom Wirtschaften und Handwerk.
glentleiten.de

BAUERNHAUSMUSEUM AMERANG

Im nördlichen Landkreis Rosenheim gibt es schon seit 1971 das Bauernhofmuseum. Es steckt voller kleiner und großer Geschichten und bietet ein sehr umfangreiches Kinderprogramm. Die Gebäude datieren bis ins 16. Jahrhundert zurück. bhm-amerang.de

Navigation per Smartphone: makersbible.com/voralpen

11 JUGENDHERBERGE OBERAMMERGAU

Natur als Passion

In der *Jugendherberge Oberammergau* wird Urlaub in den Bergen ganz schnell zur Passion. Das mag daran liegen, dass das Haus eine von bundesweit vier *Alpinen Studienplätzen* ist. Was das bedeutet? In dieser Jugendherberge steht die Natur im Mittelpunkt – zum Entdecken und Erforschen, zum Genießen und Bewundern. Natur verstehen und durch respektvollen Umgang schützen. Die fröhlich-farbige Jugendherberge in *Oberammergau* ist ein Sehnsuchtsort für alle Outdoor-Fans.

Malensteinweg 10, 82487 Oberammergau, Tel: 08822 411 4
Web: oberammergau.jugendherberge.de
IG: @jugendherberge_oberammergau

12 JUGENDHERBERGE »MOUN10«

Buchen, besuchen, staunen

Jugendherberge erwarten, Lifestyle-Hotel genießen – so geht Jugendherberge heute. Mit einem neuen Gestaltungskonzept überzeugt „*MOUN10*" Familien und Einzelreisende, die die perfekte Symbiose aus Komfort, alpenländischem Charme und bayerischer Lässigkeit in der *Zugspitz*-Regionen suchen. Im Gästebuch liest man mehr als einmal den Eintrag: „Ein wahrer Kraftplatz!" Das mag an der grandiosen Bergkulisse liegen auf die man schaut, der Panorama-Sauna und natürlich daran, dass man hier Kraft für die zahlreichen Entdeckungen aus diesem Guide tanken kann.

Lagerhausstraße 2, 82467 Garmisch-Partenkirchen
Tel: 08821 754 290, Web: moun10-garmisch-jugendherberge.de
IG: @moun10.jugendherberge

Heimat 1883

13

ADRESSE Höllentalstraße 7, 82467 Garmisch-Partenkirchen — **T** 0163 856 002 3
IG @heimat1883 — **WEB** heimat1883.de

Heimat ist ein Gefühl von Vertrautheit und Geborgenheit, ein Ort, an dem man sich wohl fühlt und immer wieder gerne zurückkehrt. Ähnlich fühlt es sich an, wenn man bei Irene und Anton Mangold als Gast in eine der fünf geschmackvoll eingerichteten Ferienwohnungen ihrer *Heimat 1883* einzieht. Man wird offen und herzlich empfangen, zum Hoagarten eingeladen oder mit auf Kräuterwanderung genommen. So als würde man wie selbstverständlich zur erweiterten Familie gehören.

Mit dieser natürlichen Selbstverständlichkeit, mit der sie die Gastgeberrolle ausfüllen, haben sie auch das historische Bauernhaus von 1883, das zentral im alten Ortskern von *Garmisch* gelegen ist, in ein besonderes Gästehaus verwandelt. Mit viel Fingerspitzengefühl haben die beiden das Gebäude mit denkmalgeschützter Fassade unter ökologischen Gesichtspunkten kernsaniert. Alte Mauern freigelegt, unterm Dach ein lichtdurchflutetes Loft eingerichtet und im Untergeschoss einen kleinen Wellnessbereich geschaffen. Die Inneneinrichtung ist ein stilvoller Mix aus individuell angefertigten Massivholzmöbeln aus Eiche und Zirbe sowie schlichten Designklassikern.

Ein schöner Ort zum Ausspannen und aktiv sein, mitten drin, zu Füßen der *Alp-* und *Zugspitze*.

Die Werdenfelserei

14

ADRESSE Alleestraße 28, 82467 Garmisch-Partenkirchen — **T** 08821 686 939 0
IG @werdenfelserei — **WEB** werdenfelserei.de

Die wunderbare Landschaft des *Werdenfelser Landes* stand namensgebend Pate beim ersten Boutique Vollholzhotel in *Garmisch-Partenkirchen*. So darf man *Die Werdenfelserei* getrost als unkonventionell, natürlich, vor allem aber: herzlich, bezeichnen. Beste Voraussetzungen also, um die kleine Auszeit vom Alltag zu begehen und diesen einfach mal hinter sich zu lassen.

Weil im Hotel fast ausschließlich Naturprodukte zum Einsatz kommen, umschmeichelt den Gast diese wohlig warme Ursprünglichkeit. Mag Holz auf den ersten Blick der beherrschende Stoff sein, so sind nachhaltige Produkte auf allen Ebenen präsent. Lebensmittel werden überwiegend regional bezogen, wobei Qualität und artgerechte Tierhaltung stets Priorität genießen. Auch die Weinkarte hat einen Schwerpunkt auf deutschen Weinen, um unnötige Fahrten zu vermeiden. Im Hintergrund arbeitet die Photovoltaik-Anlage und auch die Wärme aus der Kältetechnik wird rückgewonnen. Entspannt man dann im Wellnessbereich hoch über *Garmisch*, mag das für kurze Zeit in den Hintergrund treten. Spätestens wenn man im *Infinity-Pool* auf die Zugspitze zuschwimmt, weiß man, dass das wohltemperierte Wasser durch die Biogasanlage der Gemeinde gespeist wird. Gut für Körper, Seele und den Geist.

Quartier

15

ADRESSE St.-Martin-Straße 26, 82467 Garmisch-Partenkirchen — **T** 08821 964 648 2
IG @quartier_gapa — **WEB** quartier-gapa.de

Mag „Mittendrin, statt nur dabei" mitunter Jubel, Trubel, Heiterkeit versprechen, beim *quartier* in der Ortsmitte von *Garmisch* trifft das so gar nicht zu. Im Gegenteil. Obwohl mittendrin ist es ein geradezu perfekter Ort, um sich im Alpenvorland eine erholsame Auszeit zu gönnen.

Das fängt bei der Architektur an. Im Zentrum steht eine aufwändig renovierte Altbauvilla, die Restaurant, Seminarräume und eine große Ferienwohnung beherbergt. Eingerahmt von einer neuen Lobby aus Sichtbeton, sowie 18 teils zweistöckigen Holzlodges mit minimalistischem Interieur, die die moderne Interpretation einer Almhütte sind. Alt und neu, wunderbar verbunden. Dazwischen Hotelgäste, die beim Aufwachen in die Berge blinzeln, sich wohlfühlen dürfen und abschalten können. Sprichwörtlich. Auf Knopfdruck herrscht in der Lodge nämlich mobilfunkfreie Zone. Wer Körper und Geist Gutes tun möchte, geht ohnehin hinaus in die Natur. Mountainbiken, Wandern, Skifahren sind ein guter Anfang. Abends geht's zum Krafttanken ins Restaurant mit hochwertiger, moderner Alpenküche und auf einen Schlummertrunk an die Bar. Ohne Netz. Und morgen warten schon wieder die Berge.

ZWISCHEN ISAR UND INN

Von München aus steckerlgerade gen Süden, haarscharf am Starnberger See vorbei und schon ist man im Landkreis Bad Tölz-Wolfratshausen. Ein Stopp bei *Klarinettenbauer Dörfler* in Geretsried, auf zwei Gänge extravagante Küche im *Moarwirt* bei Dietramszell und ein Schokoladennachspeiserl bei *Chocosy* in Bad Tölz. Der Bulle lässt grüßen. Aber auch ohne Otti Fischer ist diese Gegend jede Reise und auch jeden Ausflug wert. Entlang der bayerischen Lebensadern Isar und Inn. Lenggries, ein *Tegernseer Helles* am, nun ja, Tegernsee und dann über Hausham zum Schliersee und schauen, wo Markus Wasmeier das Skifahren gelernt hat. Und wenn es einem dazwischen irgendwo gefällt, was häufig vorkommen dürfte, einfach das Auto stehen lassen und per pedes die Natur erleben.

VOM TÖLZER LAND ZUM SYLVENSTEIN
Isarwinkel

MANGFALLGEBIRGE
Tegernsee und Schliersee

IM SCHATTEN DES WENDELSTEINS
Bayrischzell

ZWISCHEN ISAR UND INN

DREI TÄLER VOLLER QUALITÄT

M

MAKER

37 **Beindlhof Bauernhofeis**
Wackersberg

38 **Zimmerei Sindelhauser**
Kochel am See/Ried

39 **Gitarren- & Geigenbau Neumüller**
Lenggries

40 **Schreinerei Alois Gerg**
Lenggries

41 **Säcklerei Bammer**
Lenggries

42 **Voihoiz**
Jachenau

43 **Hut Schätz**
Tegernsee

H

HÄNDLER

13 **Tölzer Kasladen**
Bad Tölz

14 **Ziegenhof Lenggries**
Lenggries

15 **Trachten Greif**
Rottach-Egern

16 **Bergzeit**
Gmund-Moosrain

17 **Herzogliche Fischzucht**
Wildbad Kreuth

G

GASTGEBER

16 **Klosterküche Beuerberg**
Beuerberg

17 **Moarwirt**
Dietramszell

18 **Chocosy**
Bad Tölz

19 **Mangfallblau**
Gmund

20 **Kaminstubn**
Bayrischzell

U

UNTERKUNFT

16 **Tannerhof**
Bayrischzell

17 **Jugendherberge Lenggries**
Lenggries

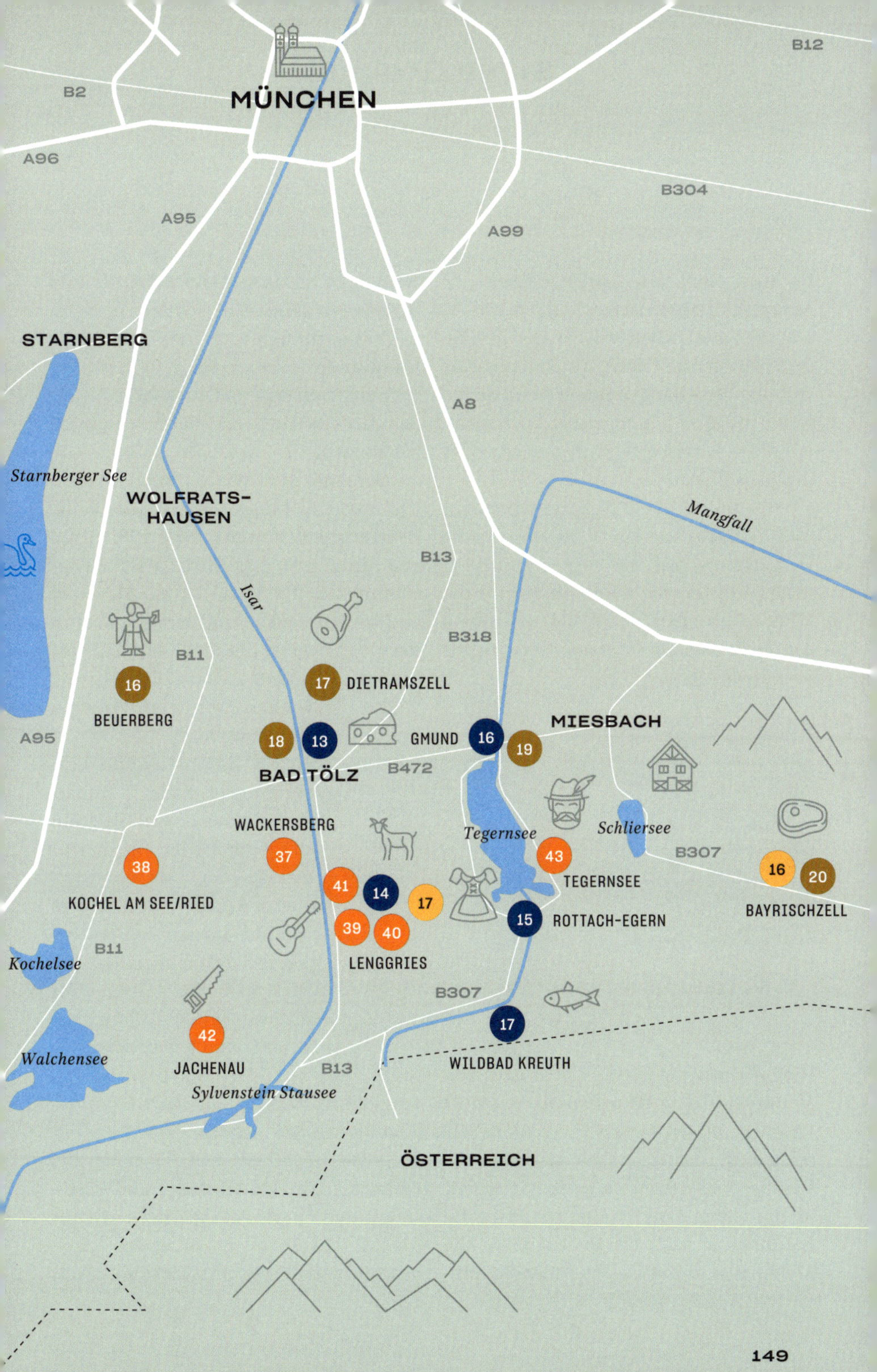
MÜNCHEN
B12
B2
A96
B304
A95
A99
STARNBERG
A8
Starnberger See
WOLFRATS-
HAUSEN
Mangfall
B13
Isar
B318
B11
16
BEUERBERG
17
DIETRAMSZELL
MIESBACH
A95
18
13
GMUND
16
19
BAD TÖLZ
B472
WACKERSBERG
Tegernsee
Schliersee
B307
38
37
43
16
20
TEGERNSEE
KOCHEL AM SEE/RIED
41
14
17
15
ROTTACH-EGERN
BAYRISCHZELL
39
40
B11
Kochelsee
LENGGRIES
B307
17
42
Walchensee
JACHENAU
B13
WILDBAD KREUTH
Sylvenstein Stausee
ÖSTERREICH

Sonja Greimel

WILDKRÄUTER BESTIMMEN,
SAMMELN & ZUBEREITEN

Nahrung, Heilkräfte, Schutz, Rausch – die Natur hat den Menschen von jeher alles, was man zum Leben braucht, geboten. So ist das auch heute noch. Nur kennen viele von uns die Pflanzen in der heimischen Natur nicht mehr und wissen auch nicht, wie diese zu verwerten sind und was alles in ihnen steckt.

Als ausgebildete Kräuterpädagogin weiß Sonja Greimel genau, was sie über die vielfältigen und oft verblüffenden Einsatzmöglichkeiten der Wildkräuter in ihren Workshops lehrt. Sie ist zudem Autorin des Buches *Raus in die Botanik* (erschienen bei Südwest Verlag).

WEB
abindiebotanik.wordpress.com
INSTAGRAM
@abindiebotanik

WILDPFLANZEN SIND VOLLER GESCHMACK & HEILKRAFT

Wildpflanzen sind voller Geschmack und Heilkraft und in manchen davon steckt viel mehr, als wir das aus konventionellen, pflanzlichen Lebensmitteln gewohnt sind. Deswegen sollte man sich auch entsprechend an die neuen Aromen und Inhaltsstoffe herantasten, nach der Devise in kleinen Mengen auszuprobieren, um seine individuelle Kräuter-Dosis für sich zu finden.

Muss man mutig sein, um Pflanzen und Kräuter zu sammeln? Schmarrn! Nein, liegt es doch in unserer Veranlagung als Jäger und Sammler. Man sollte daher eher achtsam sein und ein paar ganz andere Grundsätze beim Pflanzensammeln beherzigen:

Geeignet sind Wiesen, Brachflächen und Parks. Vorausgesetzt, es sind keine Hundemeilen. Nehmen Sie nur Pflanzen mit, die Sie zu 100 Prozent sicher bestimmen können und laufen Sie nicht einfach querfeldein und zerstören somit die dort lebenden Insekten und Pflanzen. Naturschutzgebiete sind tabu, „Privat“ Kennzeichnungen sind zu respektieren.

Wie Sammeln und Verwerten geht, steht in Sonjas Buch. In der Unterzeile steht „das Wildpflanzen-Handbuch“ und so bietet es Sammel-Hacks, Rezepte, wunderbare Illustrationen, einen Jahreszeiten-Sammelkalender und vieles mehr. Sonja Greimel ist seit zwanzig Jahren Kommunikations- und Kreativexpertin in der Sport- und Outdoor-Branche und Spezialistin für Nachhaltigkeits-Kommunikation. Die gebürtige Münchnerin ist seit 2011 ausgebildete Kräuterpädagogin und bietet Kräuterwanderungen und Workshops, unter anderem für den Deutschen Alpenverein an. Auf den folgenden Seiten haben wir sie um ein paar Hacks und Tipps gebeten.

1 — keep it simple: Die Grundausstattung zum Wildpflanzensammeln

AUSGANGSPUNKT: KLOSTERGUT SCHLEHDORF

Das *KlosterGut Schlehdorf* liegt hinter dem mächtigen Klostergebäude unweit des Kochelsees. Das *KlosterGut* betreibt auf 50 Hektar eine öko-soziale Landwirtschaft nach Naturland-Richtlinien. Dazu gehören eine Gemüse- und Kräutergärtnerei, hier stehen auch die Bienenvölker von Imker Hamish Gray. Mit dem gutseigenen Hofladen, der selbstgemachte und regionale Produkte anbietet, ist das *KlosterGut* der ideale Ausgangsort für die Kräuterwanderung – oder für eine kleine Auszeit: Es gibt drei Camper-Stellplätze nebst Dusche. Die netten Nachbarn sind inklusive: Rundherum leben Schafe, Hühner, Enten und Gänse, zwei Hunde sowie einige Katzen. Und für Gruppen steht eine Herberge und ein Seminarraum im sogenannten *Hehnahaus* zur Verfügung.

Kirchstr. 15, 82444 Schlehdorf — 08851 929 198 0
klostergut-schlehdorf.de

KRÄUTERWANDERUNG UND BOOTSFAHRT

Die Wanderung beginnt und endet in Schlehdorf. Erst Laufen, dann Bootfahren. Die wild-bunten Vorgärten Schlehdorfs stimmen auf florale Vielfalt ein. Der See bleibt immer links; schon jetzt lohnt es sich mit Sonjas Buch in Pflanzenbestimmung zu üben. Der Blick schweift nah, der Blick schweift weit, es macht ja nix, man hat ja Zeit. Kräuterwanderungen sind genau das: Beobachtungen statt Höhenmeter. Nun geht es auf dem Felsensteig, dem Uferweg, der sicheren Tritt und Schwindelfreiheit voraussetzt, immer tiefer in die Botanik. Bald erscheinen größere Wiesen und es wird Zeit entweder in die bunte Wiese, mit Korb und Messer, oder den kühlen See zu springen. Weiter Richtung *Erlebniskraftwerk* erreicht man in Altjoch die Bootsanlegestelle.

motorschifffahrt-kochelsee.de/fahrplan-hauptsaison

SAMMEL-HACKS

Das Sammel-Equipment. Für das Sammeln empfiehlt sich ein Korb, da darin nichts kaputt geht und man den Überblick behält. Zip-Bags sind ideal für den Transport nach Hause. Pusten Sie einfach Luft vor dem Verschließen hinein. Die Atemfeuchtigkeit hält frisch und das entstandene Polster schützt vor Beschädigung. Für Stacheliges sollte man Handschuhe dabei haben. Zum Schneiden Gartenschere oder Messer. Wichtig für den Artenerhalt ist, wie man schneidet: Nur den Teil der Pflanze ernten, den man nutzt und höchstens ein Drittel, die anderen zwei stehen lassen.

KRÄUTERSCHORLE

Zwar entfalten sich die hierin enthaltenen Aromen erst mit der Zeit, aber prinzipiell kann die Mischung auch schon auf der Wanderung in einer Thermoskanne oder Trinkflasche angesetzt werden. Mitbringen sollte man sich Mineralwasser und Apfelsaft (hab ich den nicht im Hofladen des *KlosterGuts* gesehen?). Und dann die Kräuter! Sonja empfiehlt: Giersch, Gundermann, Minze und Melisse. Wie gesagt, ein zwei Stündchen sollte das Ganze vor dem Konsum ziehen. Apfel oder Zitronenscheibe rein, schadet nie.

WILDKRÄUTER-QUARK

Irgendwo im Voralpenland haben Sie doch sicher an einem Hofladen Halt gemacht? Topfen und Joghurt gekauft? Dann 250 Gramm vom einen und einen guten Löffel vom anderen mit einem Bund selbst gesammelter Laubblätter, zum Beispiel Giersch, Löwenzahn oder Spitzwegerich zubereiten: 1. Wildkräuter waschen und fein hacken. 2. Quark und Joghurt mit Kräutern und Gewürzen sowie Zitronensaft verrühren. Pfeffer und Salz nach Geschmack.

WILDBEEREN LIKÖR

Likörchen gefällig? Dann setzen Sie doch selbst einen mit gesammelten Wildbeeren an. So geht's: Eine Flasche, circa 0,7 Liter Korn oder Vodka. 200 Gramm Schlehen und eine Handvoll Kratzbeeren und Kornelkirschen. Diese mit 150 Gramm weißem Kandiszucker und dem bevorzugten Alkohol in ein großes Einmachglas geben. Optional noch eine Stange Zimt. Experimentierfreudige können auch andere Gewürze, wie Sternanis oder Kardamom versuchen. Jetzt braucht es ein dunkles Örtchen und Geduld. Alle paar Wochen leicht umwälzen und nach circa drei bis vier Monaten in saubere, kleine Fläschchen sieben.

Kloster Beuerberg

EINLADEND UND ANSPRUCHSVOLL
EIN KLOSTER IM 21. JAHRHUNDERT

Klöster prägen das ländliche Bayern seit dem Mittelalter: Glaube, Bildung, Heilkunde, traditionelle landwirtschaftliche Produktion. Ist das nicht alles ein wenig gestrig? Wir denken nicht. Wir waren dort und fanden Überraschendes wie Lohnenswertes (siehe folgende Doppelseite).

Das *Kloster Beuerberg* steht im Zentrum des Klosterdorfes an der Loisach, welches bis heute seinen ganz eigenen Charakter bewahrt hat. 1121 stifteten die Ritter von Iringsburg, dem benachbarten Eurasburg, das Augustinerchorherrenstift in schönster Lage am Hochufer des Flusses. Seine Blütezeit hatte das Kloster im 17. und 18. Jahrhundert, aber auf die Errichtung der prachtvollen Stiftskirche und des spätbarocken Klostergebäudes folgte letztlich die Auflösung des Klosters 1803 im Zuge

WEB
dimu-freising.de/kloster-beuerberg

INSTAGRAM
@klosterbeuerberg
@dimu.gram

ENTKOPPELUNG VOM ALLTAG STATT BERIESELUNG

der Säkularisation. Seit 1821 wechselte das Kloster mehrmals die Besitzer, bis 1846 Salesianerinnen aus Dietramszell das Kloster erwarben, um hier ein Mädchenpensionat zu gründen.

2014 verließen die Schwestern ihre Niederlassung in Beuerberg. Seitdem hat die Erzdiözese München und Freising die Verantwortung für die Anlage übernommen und gestaltet das ehemalige Kloster in einen Ort der Begegnung und Weltgestaltung um. Da heute auch von der katholischen Kirche zeitgemäße Konzepte gefragt sind, nahm die Diözese die Bewohnerinnen und Bewohner des Ortes in der Neuausrichtung mit, achtet auf nachhaltige Ansätze in der Umgestaltung und offeriert zukünftig, neben inneren Werten, auch durchaus *Weltliches*.

Die Architektur des Klosters sollte ursprünglich der Spiritualität der Menschen dienen: Besinnung durch Abgeschiedenheit, Konzentration auf Inneres, Andacht durch Ehrfurcht. Das spürt man heute noch. Eine bescheidene Pforte, ein abgeschirmter Innenhof mit Blick auf die barocke Fassade der Stiftskirche, ein großer Garten mit Kräuter- und Gemüsebeeten. Entkoppelung vom Alltag statt Berieselung.

Wer still verweilen oder leise wandeln will, kann das tun. Wer den Innenhof oder den Garten genießen möchte, ist herzlich willkommen. Weltlich und dann auch sehr sinnlich, wird es in der Gaststube, dem ehemaligen Refektorium. Hier serviert die Klosterküche regionale und saisonale Köstlichkeiten (S. 170). Vor allem aber sind die modern kuratierten Ausstellungen und Kulturveranstaltungen lohnend, die das *Diözesanmuseum Freising* konzipiert. Und im Klosterladen finden sich ausgesuchte, eigens hergestellte Produkte, die nur hier zu bekommen sind.

1 — Klosterkirche St. Peter & Paul

2 — Im Vordergrund der Klostergarten und die Terrasse der Klosterküche

KLOSTERKIRCHE ST. PETER & PAUL, LOISACHDOM

Die Rokoko Kirche, auch *Loisachdom* genannt, bildet architektonisch den nördlichen Abschluss der Klosteranlage. Ihr nur allzu typischer Zwiebelturm ist weithin sichtbar und thront, linkerhand, über dem Loisach-Hochufer. Von Innen so schön, dass man sich drin trauen möchte. Handwerklich fallen vor allem die Schnitzereien des Tölzers *Anton Fröhlich* auf. Wer die 1949 in Bochum gegossenen Glocken hören möchte, der besucht folgenden Link:

glockenklaenge.de/orte/bay/beuerberg

KLOSTERKÜCHE

Wie könnte man besser unterstreichen, frischen Wind einziehen zu lassen, als durch die Wahl der Pächterinnen *Stella Igl* und *Maxie Denk*. Das Köchin-Wirtin-Gespann kocht göttlich und bewirtet von Herzen. Für die frischen und stets saisonalen Gerichte wachsen die Kräuter direkt vor dem Küchenfenster. Das Gemüse kommt von Kleinstanbietern aus dem umliegenden Blauen Land. Das Angebot der beiden ist mittlerweile auch im *Slow Food Guide* Deutschland gelistet. *(siehe auch Seite 170)*

OFFENE KLOSTERBACKSTUBE

Kaum etwas duftet so appetitanregend wie frisch gebackenes Brot. In der offenen Klosterbackstube wird ausschließlich mit Mehl aus der Bio-Kunstmühle *Karl Off* im 14 Kilometer entfernt gelegenen Sindelsdorf Brot und Gebäck gebacken. Offen steht die Backstube für Back-Kurse für Groß und Klein. Unter der Aufsicht des Bäckermeisters *Michael Matschuk* werden hier Back-Tipps für Anfänger und fortgeschrittene Hobby-Bäckerinnen und Bäcker gegeben. Der Kurs kostet etwas, das Wissen darf man einfach so mit nachhause nehmen.

DER KLOSTERLADEN

Angelehnt an das Erscheinungsbild einer Apotheke ist der Klosterladen manifestiertes Sendungsbewusstsein. Nur Waren, die in Bezug zum Kloster stehen werden hier angeboten. Nicht umsonst wurden mit Designerinnen und Designer, Denkerinnen und Denker und Künstlerinnen und Künstler Dinge extra entworfen. Besondere Beachtung verdienen der Likör *Leo*, der neben 25 weiteren Botanicals mit Löwenzahn aus dem Klostergarten angesetzt wird, und der Aperitivo *Benno*, die natürliche Alternative zum Industrieprodukt, welches mit *Ap* anfängt und *ol* aufhört.

KLOSTERGARTEN & VOTIVKAPELLE

Wie turbulent oder ruhig es hinter den Klostermauern ist, hängt selbstverständlich vom Zeitpunkt und dem Wetter Ihres Besuchs ab. Um die Mittagszeit bei Sonnenschein zieht die Klosterküche mit ihren Genüssen viele Gäste an, wochentags bei trübem Wetter hat man den Garten und die Votivkapelle in selbigem für sich.

SPAZIERGANG IN & UM BEUERBERG

Das Loisach Hochufer und der Ortsteil Beuerberg bieten Spaziergänge und Entdeckungen im typisch Ländlichen. Ob die Bewegung nun den Hunger oder die Verdauung anregen soll, mit der Kirchturmspitze von *St. Peter und Paul* fällt die Orientierung stets leicht.

Vorschläge zu Themenspaziergängen:
dimu-freising.de/kloster-beuerberg/

DIE AUSSTELLUNGEN

Im modernen Pavillon des Klostergartens finden temporäre Ausstellungen statt. Die Ausstellungen, wie die vergangene Ausstellung *Tugendreich – Neue Zeiten, Alte Werte?* dienen dem urteilsfreien Dialog. Pate und Kurator der hiesigen Ausstellungen ist das *Diözesanmuseum Freising*, welches über Kirchenkreise hinaus für seine exzellenten Kuratierungen gelobt wird.

dimu-freising.de

BEHERBERGUNG

Gastfreundschaft ist im Kloster seit jeher von besonders großer Bedeutung. Im sogenannten Josefstrakt entsteht deshalb auch eine moderne Herberge. Gleich zur Begrüßung, so will es die Tradition, werden dem Gast ein Zimmer und eine Tugend, also ein Motto, zugelost. Die Zimmer werden ansprechend und zeitgemäß von der Design-Manufaktur *Zeitraum* in Wolfratshausen *(Seite 24)* gestaltet. Bezugsfertig: 2023.

Beindlhof Bauernhofeis

37

ADRESSE Beindlhof 1, 83646 Wackersberg — **T** 08041 793 285 9
WEB beindlhof.de

„Von ois a bissal mehra — a bissal mehra Milch, a bissal mehra Sahne und ganz vui Liebe" – so in etwa lautet die geheime Erfolgsformel des äußerst leckeren Bauernhofeises der Familie Kniegl aus Wackersberg.

Auf dem über 400 Jahre alten *Beindlhof*, der nur über einen kleinen Wiesenweg erreichbar ist, leben Monika und Hans mit ihren beiden Kindern sowie 20 Milchkühen, Schweinen und Hühnern. Die Bio-Milch für das Eis und für die dafür benötigte Sahne kommt direkt von den eigenen Kühen. Äpfel, Holler, Birnen und Zwetschgen liefert der eigene Garten, während Heidelbeeren, Brombeeren, Kirschen, Himbeeren und Erdbeeren von einem Familienbetrieb aus dem benachbarten Inntal kommen. Hergestellt wird das Eis, das frei von künstlichen Aromen, Farbstoffen, Konservierungs- und Bindemitteln ist, in einer kleinen Hütte vor dem Bauernhof, die auch als Verkaufsraum dient.

Aus den anfänglichen drei Eiscreme-Klassikern Vanille, Erdbeere und Schokolade haben sich im Laufe der Jahre über 100 weitere Eis-Variationen entwickelt, darunter auch exotisch klingende Sorten wie Toffee-Alpensalz, Gebrannte Mandel, Rhabarber-Ingwer, Zwetschge-Rotwein oder Erdbeere-Basilikum.

Der *Beindlhof* ist immer einen Eis-Ausflug wert und wer von dem feinen Eis nicht genug bekommen kann, hat auch die Möglichkeit sich direkt in die gemütliche Ferienwohnung auf dem Hof einzumieten.

Zimmerei Sindlhauser

38

ADRESSE Alte Schmiedgasse 5, 82431 Kochel am See/Ried — **T** 08857 899 935 9
IG @bleibe_ferienwohnung — **WEB** zimmerei.sindlhauser.de

Moderne Holzarchitektur trifft auf stilvolle Inneneinrichtung. Unweit des Kochelsees in Ried, einem kleinen Dorf unterhalb der Benediktenwand, liegt die Zimmerei der Familie Sindlhauser. Und dort befinden sich auch die beiden Ferienwohnungen, direkt über der Werkstatt. Die untere Ebene beheimatet jeweils einen offenen Wohnraum mit Küche und Essplatz, die obere eine Schlafgalerie. Sämtliche Möbel stammen aus der eigenen Fertigung. Geradliniges Design, filigrane Stahlelemente und eine dezente Farbgebung in Naturtönen bestimmen das anspruchsvolle Ambiente. Ein toller Ort zum Verweilen und um die landschaftlich reizvolle Umgebung zu Fuß oder per Rad zu erkunden.

Aber Familie Sindlhauser ist nicht nur Gastgeber. Michael Sindlhauser, der Hausherr, ist vor allem staatlich geprüfter Bautechniker und Zimmerermeister und pflegt eine innige Beziehung zu dem natürlichen Baustoff Holz. So wurde er 2016 mit dem *Bayerischen Staatspreis* für kleine Bauten und Mikroarchitektur ausgezeichnet. Er ist nicht nur ein spannender Gesprächspartner für alle, die auf der Suche nach einem *Tiny House* oder unkonventionellen Gartenhäuschen sind, sondern baut diese auch in hochwertigen Ausführungen aus Holz, nachhaltig und ökologisch.

Gitarren- & Geigenbau Neumüller

39

ADRESSE Rieschenhöfe 6, 83661 Lenggries — **T** 08042 974 603
WEB gitarrenbau-lenggries.de | geigenbau-lenggries.de

2007 hat sich Hubert Neumüller als Gitarrenbauer selbständig gemacht, einige Jahre später folgt seine Frau Katharina als Geigenbauerin. Die beiden wohnen und arbeiten in einem 450 Jahre alten Bauernhaus in Lenggries. Dieses wurde vor einigen Jahren um einen modernen Anbau aus Holz erweitert, in dem nun die gemeinsame Werkstatt untergebracht ist.

Die Verbindung von alt und neu spiegelt sich auch in ihrer Arbeit wider: Der Bau von neuen, modernen Instrumenten und die Restauration von alten. Beim Neubau orientieren sich die beiden stark an der traditionellen Bauweise dieser Instrumente. Gitarren, Geigen, Bratschen und Celli entstehen so in Handarbeit, ohne Zukauf von vorgefertigten Teilen. Maschinen kommen nur zum Einsatz, wo es sinnvoll und unbedingt notwendig ist. Auf diese Art sind schon mehrere hundert Instrumente in ihrer Werkstatt entstanden.

Ihr großer Erfahrungsschatz gepaart mit der handwerklichen Arbeitsweise sichert eine hohe Qualität für anspruchsvolle Musikerinnen und Musiker, die ein individuelles Instrument erhalten, das perfekt auf ihre Bedürfnisse zugeschnitten ist und in Aussehen, Klang und Handwerksqualität überzeugt.

Dabei kommen die Käuferinnen und Käufer nicht nur aus der Region. Um ein Instrument aus ihrer Werkstatt zu testen, nehmen diese zum Teil lange Reisen aus der ganzen Welt in Kauf, bevor sie dann im Wirtshaus oder großen Konzertsälen die Zuhörerinnen und Zuhörer mit ihrer Musik beglücken.

Schreinerei Alois Gerg

40

ADRESSE Steinbach 10, 83661 Lenggries — **T** 08042 974 733
WEB schreinerei-gerg.de

Wer den Weg in die *Schreinerei Gerg* findet, tut das vor allem aus zwei Gründen: Man ist auf der Suche nach maßgefertigten Holzmöbeln oder Inneneinrichtungen und sucht gleichzeitig jemanden, der die eigenen Vorstellungen anreichern und perfekt ausführen kann. Gut, dass Alois Gerg und seine Mitarbeiter Holz in all seinen Facetten leben und lieben. Ihre einzigartigen Entwürfe entwickeln sie gemeinsam mit den Kundeninnen und Kunden, gehen auf individuelle Wünsche ein und ergänzen sie mit ihrem kreativen Input. Herauskommen soll ein Produkt, an dem alle lange Freude haben. Das Massivholz aus den umliegenden Sägewerken ist von bester Qualität und die natürlichen Merkmale bleiben bei der Verarbeitung erhalten. Allzu trendige Modeerscheinungen spielen dabei eher keine Rolle, „denn Trends sind auch schnell wieder vorbei“, so Gerg. „Wir wollen etwas nachhaltig Langlebiges mit zeitlosem Erscheinungsbild schaffen.“

Für rustikale Möbel bezieht er Holz auch aus naheliegenden Hütten und Ställen, um den gewünschten Look zu erzeugen. Alois Gerg steht als Inhaber noch selbst am Werkstück und mit seinem Namen für das Ergebnis. Modern. Zeitgemäß. Und doch zeitlos. Genau das zeichnet die Schreinerei in Lenggries aus.

Säcklerei Bammer

41

ADRESSE Johann-Probst-Straße 7, 83661 Lenggries — **T** 08042 273 3
IG @saecklerei_bammer — **WEB** lederhosen-bammer.de

„Aus Liebe zum Brauchtum. Tracht ist unsere Leidenschaft und diese Leidenschaft stecken wir in jede unserer Lederhosen. Dadurch entstehen in detailgetreuer Handarbeit Unikate, die Generationen überdauern." Seit mehr als 60 Jahren werden in dem Meisterbetrieb der *Säcklerei Bammer* in Lenggries Hirsch-Lederhosen von Hand gefertigt. Susanne Schöffmann führt in zweiter Generation den Familienbetrieb, den ihr Vater gegründet hat und von dem sie das Handwerk erlernte.

Mit großer Leidenschaft und handwerklichem Können fertigt das sechsköpfige Säckler-Team Einzelstücke nach Maß und den individuellen Wünschen der Kunden. Dazu verwenden die Lenggrieser ausschließlich sämisch naturgegerbtes Hirschleder. Der Gerbprozess dauert dabei traditionell zwischen sechs und neun Monaten. In dieser Zeit verbinden sich in den Fasern des Leders die Fettsäuren des Trans mit dem Luftsauerstoff und bewirken den natürlichen Gerbeffekt. Im Anschluss werden die Häute auf Maß zugeschnitten, von Hand liebevoll bestickt und schließlich zusammengenäht. Aus 58 Einzelteilen besteht übrigens eine solche *Krachlederne.*

An die Säcklerei angeschlossen ist ein kleines Ladenlokal, in dem es neben den Lederhosen in allen Variationen und Farben auch alles Weitere gibt, was ein *gestandenes Mannsbild* zur Tracht braucht.

Voihoiz

42

ADRESSE Friedeln 9, 83676 Jachenau — **T** 08043 918 747
WEB voihoiz.de

Nach jahrelanger Erfahrung als Zimmerer mit Einblick ins Schreinerhandwerk, beschloss Georg Wasensteiner im Winter 2016 die Gründung von *Voihoiz*. Aus heimischen Hölzern stellt er nun überwiegend Bänke und Tische her, aber auch andere Möbel und Einzelstücke.

So auch die Holzliege *Simplivita*, sowohl für drinnen als auch draußen geeignet. Wegen der markanten Formensprache fällt sie sofort ins Auge. Die ergonomisch gewölbte Liegefläche verjüngt sich symmetrisch zu beiden Seiten. Alles wirkt wunderbar ausbalanciert. Zum anderen fasziniert der mittig liegende Faltmechanismus, durch den sich die Liege ganz flach – und damit komfortabel tragbar – zusammenlegen lässt. Vor allem aber bietet das handgefertigte Möbel aus Lärchenholz einen exquisiten Liegekomfort. Elegant verbindet Georg Wasensteiner dabei zeitloses Design auf der einen, und Form und Funktion auf der anderen Seite.

Als Grundlage für seine Entwürfe dienen dabei immer die Stimmigkeit von Proportion und Form sowie die sorgfältige Ausführung bis ins kleinste Detail. Durch traditionelles Holzhandwerk entstehen so Einzelstücke mit eigener Handschrift. Wichtig ist ihm dabei vor allem die Wertschätzung des zeitlosen Stils, der Sinn fürs Echte und d`Freid.

Hut Schätz

43

ADRESSE Rosenstraße 16, 83684 Tegernsee — **T** 08022 302 0
IG @hut_schaetz — **WEB** hut-schaetz.de

Trachtenhüte werden heute zu vielerlei Anlass getragen. Der Hut gehört zur Tracht und ist somit Ausdruck von Identität, zum Beispiel bei Trachtenvereinen. Individuell betrachtet macht er Tracht erst zum kompletten Outfit.

„Ein Hut hupft ned allein auf den Kopf." Doris Gollé-Leidreiter, Tochter des verstorbenen Hutmachers Gottfried Schätz, ist nicht nur virtuos darin Hüte zu machen, sondern auch darin zu beraten, was Kundin oder Kunde braucht. Im Gegensatz zu Schuhen sitzt der Hut oberhalb des Gesichts und prägt damit den Eindruck auf andere enorm. Da ist es schon segensreich Doris Gollé oder ihre Tochter Marietta im Gespräch gegenüber zu haben.

Ob Loden, Velour oder Stroh zum Einsatz kommen, hängt auch von der Verwendung des Hutes ab. Wird er wirklich als Alltagshut hergenommen, empfiehlt sich Loden, etwas feiner ist das matt glänzende Velour. Hauptsache, der Hut wird getragen: Hut-Neulinge gewöhnen sich erst durch das permanente Tragen. Das erklärt einem Doris Gollé dann schon – im kleinen Hutgeschäft mit angeschlossener Werkstatt in der Rosenstraße in Tegernsee.

13 TÖLZER KASLADEN

Sternzeichen Käse

Der *Tölzer Kasladen* der Familie Hofmann ist eine Institution. 200 Käsesorten aus zehn europäischen Ländern finden sich in der Auslage des kleinen Käseladens inmitten der pittoresken Altstadt von Bad Tölz. Seit 1972 lassen sie ausschließlich natürliche, handwerklich hergestellte Käsesorten von höchster Qualität in den eigenen Reiferäumen bis auf den Punkt reifen, bevor sie dann in den Verkauf kommen. Ihr Käse stammt dabei von sorgsam ausgewählten Hof- und Dorfkäsereien, Alpbetrieben und Klöstern. Für Käsefans ein wahres Paradies.

Marktstraße 31, 83646 Bad Tölz, Tel: 08041 793 844 7
Web: toelzer-kasladen.de, IG: @toelzer_kasladen

14 ZIEGENHOF LENGGRIES

Vier Mägen für ein Halleluja

Es ist nicht lange her, da wurde in Berlin Ziegenmilch vor allem in Eissorten der hippe Ersatz für Kuhmilch. Denn Milchunverträglichkeit bezieht sich in den allermeisten Fällen auf Kuhmilch. Die Alternative: Ziegenmilch. Sie ist aufgrund ihrer kleineren Fettmoleküle leichter zu verdauen und wegen ihrer vielen Mineralstoffe und Vitamine richtiggehende Nervennahrung.

Wer von Lenggries hinter ins Karwendel fährt, hat den Ziegenhof der Familie Filgertshofer sicher schon gesehen, aber weil man die oder der Erste am Berg sein will, noch nie Halt gemacht. Mit zwanzig aromatischen Käsesorten, leckerer, magerer Wurst und noch dazu einem Liter Ziegenmilch wäre die Bergtour-Brotzeit besonders lokal. Ziegenfleisch gibt es auf Bestellung. Nah dürfen Sie den Ziegen ruhig kommen, aber ein Streichelzoo ist der Hof nicht.

Winkl 16A, 83661 Lenggries, Tel: 08042 918 040
Web: ziegenhof-lenggries.de

Trachten Greif

15

ADRESSE Nördliche Hauptstraße 24, 83700 Rottach-Eggern — **T** 08022 554 0
IG @trachtengreif — **WEB** trachten-greif.de

„Es braucht keinen Anlass, um Tracht zu tragen und sie sollte auch nicht als Verkleidung wahrgenommen werden. Vielmehr ist sie ein Stück Heimat, das man gerne und selbstverständlich anhat." Das ist die Philosophie von Xandy und Alexandra Keil, die das weit über den Tegernsee hinaus bekannte Trachtengeschäft Greif führen. Tracht als Verbindung von Tradition und Moderne, von Schönheit und Qualitätsanspruch, von Seele und Heimat – das alles kann man in den hauseigenen Kollektionen erleben, die sie mit kleinen, handverlesenen Marken zu einem außergewöhnlichen Sortiment kombiniert.
Die Dirndlkollektion wird mit Schnittvorlagen aus dem teils über Jahrhunderte alten Fundus in Niederbayern gefertigt. Auch die Herren gehen nicht leer aus. Von der Hirschledernen — handbestickt und -gefertigt — über handgestrickte Jacken, Westen und Trachtenjanker bis zum Haferlschuh ist das Angebot groß.

Dazu realisiert Alexandra Keil mit *NAAINA* ihre Vision von Mode, die mehr ist als reine Bekleidung. Es geht um Werte wie Dankbarkeit und Akzeptanz, aber auch Entschleunigung, wohltuend in der heutigen Zeit. Das Label verströmt leichte, schlichte Eleganz genauso wie Momente der Schönheit und Nachhaltigkeit.

TRACHTEN GREIF

ROTTACH EGGERN

Bergzeit

16

ADRESSE Am Eisweiher 2, 83703 Gmund-Moosrain | Tölzer Straße 131, 83607 Holzkirchen
T Gmund-Moosrain: 08021 506 200 0 | Holzkirchen: 08024 303 021 4
IG @bergzeit — **WEB** bergzeit.de

Bei *Bergzeit* wird Bergzeit gelebt – von den Mitarbeitenden genauso wie von den Kundinnen und Kunden. Ursprünglich als Tourenportal Ende der neunziger Jahre gegründet, hat sich *Bergzeit* mittlerweile zu einem der führenden Bergsport-Ausrüster im deutschsprachigen Raum entwickelt.

Aber *Bergzeit* ist viel mehr als nur ein Outdoorhändler mit beeindruckendem Markensortiment, internationalem Online-Shop und zwei großen Läden in Moosrain und Großhartpenning — für Klettern, Trekking, Wandern, Trailrunning, Mountainbike, Skitour und Freeride. Bergzeit ist auch Herausgeber eines Online-Magazins mit über 1.800 Tourenberichten, Reisereportagen, Tipps & Tricks und Produkttests rund um das Thema Outdoor. Und für all diejenigen, die gerne mit Profis unterwegs sind oder ihre Fähigkeiten und ihr alpines Wissen verbessern möchten, bietet Bergzeit ein umfassendes Erlebnis-, Touren- und Kursprogramm im gesamten Alpenraum an.

Die Leidenschaft für die Berge spürt man überall, vor allem wenn man in einer der beiden Filialen vorbeischaut. Dort wird man nicht nur profimäßig in Sachen Bekleidung und Ausrüstung beraten, sondern bekommt auch immer wieder wertvolle Tipps zu Bike-Trails, Ski- und Bergtouren sowie Kletterrouten.

17 HERZOGLICHE FISCHZUCHT WILDBAD KREUTH

Viel Rauch um Fisch

Ein Räucherfisch, ein Glaserl Wein, Sonne – und schon ist er perfekt, der Wanderausflug nach Kreuth. Pardon, zur *Herzoglichen Fischzucht Kreuth*. Was einst Mitte des 19. Jahrhunderts begann, ist heute eine nachhaltige Fischzucht mit insgesamt 32 Teichen – und fest in der Hand von Alexander Wiemann, einem waschechten Preißn. Die Qualität, wie zu Herzogszeiten, exzellent. Wer mag kann sich hier seinen Fisch aussuchen, der dann betäubt, getötet und ausgenommen wird. Frischer und besser, geht es nicht.

Wildbad Kreuth 1, 83708 Wildbad Kreuth, Tel: 08029 997 460
Web: fischerei-kreuth.de, FB: @fischereikreuth

TIPP

NATURBÄDER

Naturbäder sind eine tolle Sache, für diejenigen, die zwar gerne in idyllisch gelegenen Seen schwimmen würden, aber vor dem aktiven Eigenleben, das diese so mit sich bringen, zurückschrecken. Dafür gibt es besonders schön gelegenen Naturbäder. Garantiert chemikalienfrei und ebenso unbedenklich, was möglichen *Feindkontakt* im Wasser anbelangt.

NATURBAD SAMERBERGER FILZE

Gebirgswasser gespeistes Naturfreibad am Samerberg zwischen Törwang und Grainbach.

MOORBADEPLATZ ASCHAU IM CHIEMGAU

Idyllisch gelegenes Moorbad mit Kneippanlage und Barfußweg.

NATURBAD ASCHAUERWEIHER

Naturbaden für die ganze Familie mit Watzmann Blick bei Bischofswiesen im Berchtesgadener Land.

ALPENFREIBAD SCHEIDEGG

Infinity Pool Feeling im Westallgäu.

HOCHMOORSCHWIMMBAD OBERJOCH

Mitten im Allgäuer Hochmoor auf 1.100 Meter gelegen.

MOORSCHWIMMBAD REICHENBACH

Moorbaden mit Rubihornblick in der Nähe von Oberstdorf.

Navigation per Smartphone: makersbible.com/voralpen

17 MOARWIRT

Zu schön um wahr zu sein

Der *Moarwirt* im idyllisch gelegenen Hechenberg lädt ein zum Zusammenkommen und Genießen. Isabella und Sebastian Miller sind leidenschaftliche Gastronomen und teilen die Begeisterung für biologische Landwirtschaft. Gekocht wird saisonal mit regionalen Produkten, die teils aus dem eigenen Anbau und der eigenen Tierhaltung stammen. Inspiriert von alten Lieblingsgerichten und teils vergessenen Rezepten entstehen aus qualitativ hochwertigen Zutaten feine kulinarische Kreationen, die man entweder in den gemütlichen Stuben genießen darf oder draußen im wunderschönen Biergarten, mit Blick über das Voralpenland bis hin zur Zugspitze.

Sonnenlängstraße 26, 83623 Dietramszell, Tel: 08027 100 8
Web: moarwirt.de, IG: @moarwirt_bio_landhotel

16 KLOSTERKÜCHE BEUERBERG

Seelig sind die dort Essenden

Purer Geschmack, einzigartige Inszenierung von Gastlichkeit, Wertschätzung dessen, was die Natur hervorbringt. Maxie Denk und Stella Igl sind gastronomisch das, was man ein *perfect match* nennt. 2016 fiel das auch einem Freund ihrer in München stattfindenden Kochevents auf und er empfahl die beiden an die Diözese, der das Kloster Beuerberg gehört.
Was dann als Sommer-Märchen in der Klosterküche begann, ist heute eine Institution, eingebettet in einen ganz besonderen Ort. Diese Kombination aus Seele und Bauch macht die herzhaften Mittags- und die süßen Nachmittags-Kreationen des Klosterküchen-Teams einzigartig im Voralpen-Raum. Da sie immer wieder Neues bieten, sollte man auf der Website nach besonderen Veranstaltungen Ausschau halten.

Königsdorfer Str. 7, 82547 Beuerberg, Tel: 08179 926 516
Web: klosterkueche-beuerberg.de
IG: @klosterkueche_beuerberg

18 CHOCOSY

Ciao Cacao!

Seit Neuestem weht ein feiner Duft aus warmer Schokolade und frischem Kaffee durch die Marktstraße in Bad Tölz. Wer diesem folgt, steht schnell mitten im *Chocosy*, dem Schokoladencafé in der Altstadt. Hier gibt's nicht nur viel *Choco*, sondern *cosy* ist es auch. Gmiatlich. Hier dreht sich alles um heiße Trinkschokolade und alle nur erdenklichen Kaffeemischvariationen. Dazu noch ein saftiger Schokokuchen aus eigener Produktion und schon sind die Gäste dem Schokohimmel ein Stückchen näher.

Marktstrasse 51, 83646 Bad Tölz, Tel: 80414 378 992
Web: chocosy.de, IG: @chocosy.de

19 MANGFALLBLAU FABRIKRESTAURANT

Blaues Wunder

Im *Mangfallblau* trifft Natur auf urbanes Fabrikflair, Gmund am Tegernsee auf Berlin Kreuzberg, Fabrik-Kantine auf regionale Produkte. Auf dem Gelände der Gmunder Papierfabrik liegt dieses Kleinod, das einen mit sehr leckeren, vorwiegend vegetarischen Gerichten und einem unglaublich guten Kaffee beglückt. Mit frischen Röstbroten, verschiedenen Bowls, Waffeln und feinem Kuchen lässt sich hier hervorragend in den Tag starten, bevor man die Gegend um den Tegernsee erkundet.

Mangfallstraße 5, 83703 Gmund, Tel: 08022 750 050 0
Web: mangfallblau.com, IG: @mangfallblau.fabrikrestaurant

Tannerhof

16

ADRESSE Tannerhofstraße 32 , 83735 Bayrischzell — **T** 08023 810
IG @tannerhof.naturhotel — **WEB** tannerhof.de

Ein Hotel wie ein kleines Dorf, in Hanglage mit weitem Blick ins Leitzachtal und zum Wendelstein, eingebettet zwischen Bergen und Seen. Gegründet 1905, über 110 Jahre gelebte Naturverbundenheit und Ganzheitlichkeit: Hotel und Gesundheit, Bio-Gourmetküche und Heilfasten und immer: Qualität statt Überfluss.

Der *Tannerhof* ist ein Ort ohne Schnickschnack, substanziell und unkonventionell. Stimmig in seinen Gegensätzen: Barfußlaufen und High Heels, Heilendes und Hippes, Kunstsammlung und Gewächshaus. Kulturprogramm und Landwirtschaft, Kammerl und preisgekrönte Hüttentürme. Die Mischung befruchtet und befreit, erweitert und erdet.

Dazu trägt die Architektur von Florian Nagler seinen Teil bei. Moderne und Respekt vor dem über Generationen gewachsenen Gebäudebestand und der Landschaft. Eine elegante, unaufdringliche architektonische Klammer um Gebäude aus verschiedenen Epochen, die das ehrwürdige Bauernhaus *Alte Tann* als Herzstück des Essembles ehrt. Naglers Hüttentürme von 2012 stehen als zeitgemäße Nachbarn neben Einsiedlerhütten von 1905 – ergänzend, nicht dominierend. So ist der *Tannerhof* mehr als die Summe seiner Zimmer.

Architektonisches Miteinander im Außen trifft auf die Tannerhof-Philosophie im Innen. Und ganz wichtig: Bloß kein Alpenkitsch!

Kaminstubn

20

ADRESSE Alpenstraße 44, 83735 Bayrischzell — **T** 08023 684
IG @kaminstubn — **WEB** kaminstubn.de

Wer die Hitze nicht verträgt, sollte kein Koch werden. Das stimmt. Und auch nicht. Peter Kampmiller steht höchstpersönlich am offenen Kamin, um das Fleisch für seine Gäste über den Flammen zuzubereiten. Womit wir auch beim Herzstück der *Kaminstubn* in Bayrischzell wären, nämlich dem Kamin, der Attraktion des Steak- und Grill-Restaurants. Wobei das auch wieder nicht richtig ist, denn der mit Buchenholz befeuerte Kamin ist ja nur Mittel zum Zweck, um sein Stückerl Fleisch auf den Teller zu bekommen.

Genau dafür kommt vorher Katharina, die Chefin des Hauses, an den Tisch. Die Speisekarte auf dem Holzbrett hat sie dabei, darauf ansprechend drapiert die wechselnde Fleischauswahl. Das Lieblingsstück vom Lamm, Wildschwein, Rind oder Schwein, von der Ente, dem Perlhuhn oder dem Hirsch wählt man selbst aus und wird anschließend am Kamin nach gewünschtem Gargrad zubereitet. Dazu oder davor gibt es den hauseigenen, gemischten Salat mit Kultstatus und als Beilagen hat man die Qual der Wahl zwischen Folienkartoffel mit Sauerrahm und Rösti.

Zum Abschluss gibt es wechselnde hausgemachte Nachspeisen, etwa Cremé brûlée, Walnusseis mit Karamellsauce oder ein Mini-Schoko-Küchlein mit flüssigem Kern. Einfach gut!

17 **JUGENDHERBERGE LENGGRIES**

Adrenalin-Base

Die Jugendherberge in Lenggries ist Refugium und Ruhepol abseits des hektischen Alltags. Gleichzeitig bietet das Haus überraschende Perspektiven und unvergessliche Urlaubstage. Ganz Mutige starten per Paraglider vom Gipfel des Hausbergs Brauneck. Wanderwege, spannende Trails und bestens ausgebaute Fahrradstrecken liegen direkt vor der Haustüre. Relaxen am Abend — mit den letzten Sonnenstrahlen auf der Terasse oder in der Indoor-Lounge.

Jugendherbergstraße 10, 83661 Lenggries, Tel: 08042 242 4
Web: lenggries.jugendherberge.de

TIPP

CAMPINGPLÄTZE

Verweilen, wo es schön ist. Das macht Camping aus. Jeder Platz hat seinen eigenen Reiz. Was sie alle eint, ist die Lage mitten in der Natur an einem See. Tipps gibt es bei outville.cc.

CAMPING SEEBAUER

Direkt am Leitgeringer See gelegen, unweit der längsten Burganlage der Welt in Burghausen.
camping-seebauer.de

NATURCAMPING ISARHORN

Von drei Seiten umfließt die Isar den Campingplatz zu Füßen des Karwendels in der Nähe von Mittenwald.
camping-isarhorn.de

WOHNMOBILSTELLPLATZ FALL AM SYLVENSTEINSPEICHER

Öffentlicher Stellplatz (Parkschainautomat, Semmel-Service vom Faller Hof) für rund zwanzig Wohnmobile. Perfekt auch als Ausgangspunkt für Ausflüge ins Karwendel.

CAMPING GRÜNTENSEE INTERNATIONAL

Idyllisch am Grüntensee gelegen mit großartigem Blick auf den Wächter des Allgäus.
camping-gruentensee.de

CAMPING AICHALEHOF STAFFELSEE

Der Campingplatz direkt am ursprünglichen Staffelsee. Obendrauf gibt es ein großartiges Alpenpanorama.
aichalehof.de

CAMPINGPLATZ SEEWANG

See- und Bergpanorama satt am Forggensee im Allgäu. Dazu noch Schloss Neuschwanstein direkt vor der Bus- oder Zelttür. camping-forggensee.de

VOM IRSCHENBERG ZUM KÖNIGSSEE

Der Kini hat es natürlich längst gewusst: Im Chiemgau ist es wahnsinnig schön. Kein Wunder, dass der Märchenkönig auf Herrenchiemsee sein Mini-Versailles errichten ließ. Neben *Schloss Neuschwanstein* bei Füssen sicherlich eines der bedeutsamsten. Davor die große Stadt Rosenheim mit einer mannigfaltigen Kunst- und Kulturszene, dann die Erholungsregion um das *Bayerische Meer* mit Prien, Übersee, Grabenstätt – die Chiemgauer Alpen stets in Wanderweite. Die Kreisstadt Traunstein, Waging am See, Piding und über Berchtesgaden und Schönau zum Königssee durch eine Landschaft, für die Postkartenkulisse noch untertrieben wäre. Zum Schluss ein malerisches Idyll von See, eingeklemmt zwischen Watzmann und Hagengebirge. *Ach Augenblick, verweile doch.*

KUNST- UND KULTUR

Rosenheim

RUND UMS BAYERISCHE MEER

Chiemgau

VOM RUPERTIWINKEL ZUM KÖNIGSEE

Berchtesgaden

VOM IRSCHENBERG ZUM KÖNIGSSEE

ÜBER UMWEGE DURCH DAS TYPISCHE BAYERN

M

MAKER

44 Silk & Honey
Couture Atelier
Rosenheim

45 Weishäupl
Möbelwerkstätten
Stephanskirchen

46 Destillerie
Guggenbichler
Frasdorf

47 Blechblasinstrumente
Peter Baumann
Aschau

48 Beyer's Oil
Bergen

49 Schmiedewerk Asbeck
Breitbrunn

50 Destillerie Schnitzer
Traunstein

51 Dynamiko - Holz & Spiel
Fridolfing

52 Die Bäcker Brüder
Bischofswiesen

H

HÄNDLER

18 Dorfkind
Keramik & Wohnkonzept
Höslwang

19 Chiemseefischerei
Stephan
Prien

20 Shoe Company Concept
Rosenheim

21 Ladenbergen
Bergen

22 Hiesiges
Palling

23 Villa Seidl
Bergen

G

GASTGEBER

21 Wirtshaus Salettl
Stephanskirchen

22 Wiggerl Siebzehn
Traunstein

23 Landhaus Tanner
Waging

24 Berchtesgadener
Esszimmer
Berchtesgaden

U

UNTERKUNFT

18 Schmidhuber
Ferienwohnungen
Chieming

19 Sailerhof
Taching

20 Kulturhof Stanggass
Bischofswiesen

21 Matador Lodges
Grabenstätt

22 Farmhouse 1604
Übersee

23 Jugendherberge
Berchtesgaden
Bischofswiesen

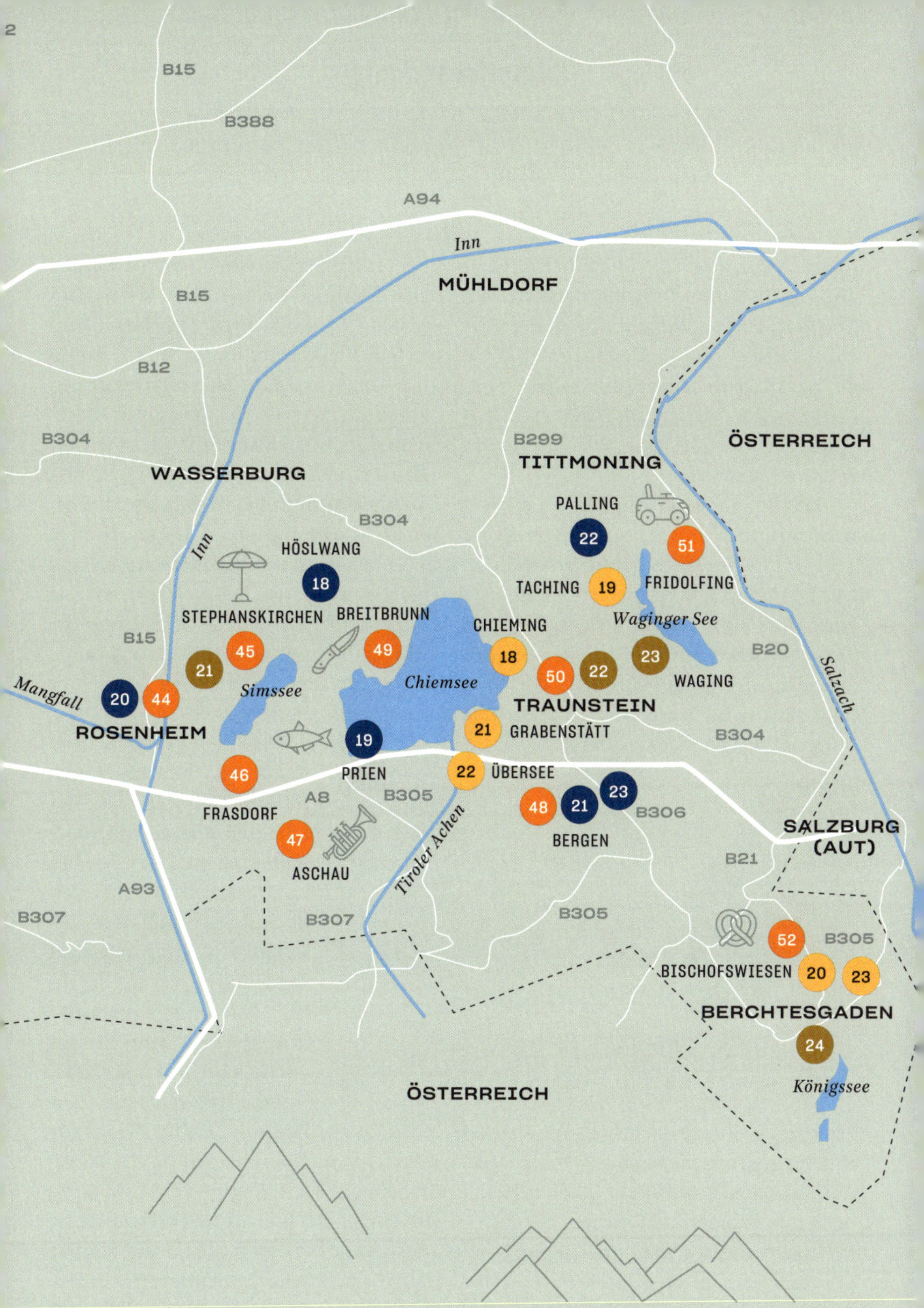
B15
B388
A94
Inn
MÜHLDORF
B15
B12
B304
WASSERBURG
B299
TITTMONING
ÖSTERREICH
PALLING
22
51
B304
HÖSLWANG
18
Inn
TACHING
19
FRIDOLFING
Waginger See
STEPHANSKIRCHEN
BREITBRUNN
CHIEMING
B15
45
49
18
23
B20
21
50
22
WAGING
Mangfall
20
44
Simssee
Chiemsee
TRAUNSTEIN
Salzach
ROSENHEIM
21
GRABENSTÄTT
19
B304
46
PRIEN
22
ÜBERSEE
A8
B305
23
48
21
B306
FRASDORF
SALZBURG (AUT)
47
Tiroler Achen
BERGEN
ASCHAU
B21
A93
B307
B307
B305
52
B305
BISCHOFSWIESEN
20
23
BERCHTESGADEN
24
Königssee
ÖSTERREICH

Nadja König

INSPIRIERENDES AUS DEN VORALPEN

Jedem Anfang wohnt ein Zauber inne, er beginnt aber immer mit einem leeren, weißen Blatt Papier. Was bei Manchen direkt zur Denkblockade führt, ist bei Nadja König der natürlichste Ideenprozess überhaupt. Ein kreativer Ansporn, der Griff zum Stift – und schon beginnt die Reise in Nadjas Illustrationswelten.

Mag in manchen Berufen ein papierminimiertes Umfeld arbeitsfördernd sein, für Nadja ist es genau umgekehrt. Der Werkstoff aus Naturfasern ist es, an den sie ihr Herz verloren hat und der ihren Beruf erst lebendig und einzigartig macht. „Ich glaube, dass der Mensch gerade in der heutigen digitalen Welt immer öfter auch hungrig nach handgemachten Dingen ist."

„DER MENSCH IST HUNGRIG NACH HANDGEMACHTEN DINGEN."

Der Weg zur Illustratorin begann zunächst mit Ausflügen in die schöne Welt der Mode. Ausbildung zur Schneiderin, Studium Modedesign in Wien und München, es folgten Stationen als Kostümbildnerin und Designerin bei namhaften Marken. Die Liebe zu Stift und Papier blieb immer da, denn auch in der Modewelt beginnt alles mit dem ersten Strich. Ohne Vorlage werden keine Stoffe ausgeschnitten, kann nicht vernäht werden. Zeichnen, Scribbeln, Entwerfen. Die Vorstellungsgabe für Raum und Flächen wird bei jedem Entwurf neu stimuliert. Das hilft Nadja auch heute noch. Wenn sie etwa für Kunden ein Schaufenster dekoriert oder für ein Event die Tisch- und Raumgestaltung übernimmt. Dreidimensional. Mit Zeichnungen, Illustrationen, aber eben auch mit kleinen Formen und Figuren aus Karton, liebevoll koloriert. Sie kreiert eine ganz eigene Wirkungswelt. Ideal für die etwas andere Werbung, zumal sie die Betrachterin und den Betrachter immer emotional berührt.

Technische Berührungsängste sind Nadja König ohnehin fremd. Illustrationen, Drucke, Menükarten. Aber auch digitaler Mailaussand, Live-Sketches bei Präsentationen oder kleine Geschenke für Gäste – die Bandbreite ihrer Arbeit ist so vielfältig, wie das Ergebnis. Nur Ausgangspunkt und Material sind immer das Gleiche: Stift und Papier.

WEB
nadjakoenig.com
INSTAGRAM
@nadjakoenig.official

Auf den nächsten Seiten zeigt sie ihre persönlichen Tipps für Kurztrips in Oberbayern. Da ihr Mann ursprünglich aus Waging am See kommt, verbringen sie hier immer wieder gerne Zeit und gerade jetzt ist Urlaub vor der Haustür für sie noch wichtiger geworden. Von München sind die ganzen Ziele auch wunderbar als Tagestrip zu erreichen.

1 — Schaufensterdekoration für Alexa von Harder in München
2 — Schnelle Skizze aus Nadjas Fashion Sketchbook

LANDHAUS TANNER

Wirtshaus mit einer schönen Mischung aus ehrlichen Gerichten und modernen Slow Food Interpretationen. Egal, ob *Oma Lonis* Fleischpflanzerl oder Zander in Löwenzahn-Milch – für uns immer einen Besuch wert. Neben dem Restaurant gibt's auch sehr schöne neue Zimmer in unmittelbarer Nähe zum Waginger See.

@landhaustanner
landhaus-tanner.de

WILDPARK POING

Kein Geheimtipp – aber der Besuch bei Wolf, Bär und Co. ist jederzeit ein schöner Ausflug direkt vor der Haustür. Auf den 570.000 Quadratmetern findet man auch immer einen schönen Platz für die ganze Familie. Nach dem Rehe füttern darf man auf dem riesigen Spielplatz durchschnaufen.

@wildparkpoing
wildpark-poing.de

DAS BURGHOTEL FALKENSTEIN

Das Burghotel thront über den Tälern des Allgäus und eignet sich wunderbar als kleine, romantische Flucht zu zweit aus dem Alltag. Der Ausblick ist einfach märchenhaft und im Pavo kann man sich von Bayerns derzeit jüngstem Sternekoch, dem Junior *Simon Schlachter*, verwöhnen lassen.
(Siehe Seite 94)

@das_burghotel
burghotel-falkenstein.de

WAGENSTALLER NATURKOSTMÜHLE

Naturkostmühle in vierter Generation. Bei *Annelie Wagenstaller* kann man mit der ganzen Familie Brotback- oder auch Schmalzgebäckkurse machen und wird nebenbei mit Brotzeit versorgt. Authentische Wassermühle. Im Mühlenladen bekommt man alles für die regionale Küche und verschiedenste Mehltypen.

@anneliewagenstaller
wagenstallermuehle.de

TROPICAL STATION

Lisa und *Bunschi* versorgen Sie hier mit vegetarisch-veganen Gerichten, egal, ob im kleinen Lokal oder als Catering-Service. Gekocht werden Rezepte aus aller Welt mit saisonalen Produkten von Gärtnern und Bauern aus dem Umland. Das Konzept der Karte: Vier Wochen, vier Länder. Dabei wird zwischen der Küche aus dem Nahen Osten, Asien, des Mittelmeers und Südamerika gewechselt.

@tropical.station
tropical-station.de

PURA RESTAURANT

Hand- und hausgemachtes *Feelgood Food* für den Chiemgau. Egal, ob im Restaurant oder in der Eatery – einem Laden mit *Take Away* Theke mit Bowls, Dumplings, Bao Bun und Co. Das Team um *Lorenz Mayer* setzt auf vegetarisch-vegane Kochkunst, biologischen Anbau und nachhaltige Produktionsprozesse.

@pura_restaurant_breitbrunn
puracosmos.com

HUBERHOF

Der *Huber* in der Zell steht für ökologischen und bewussten Fleischkonsum. Deshalb gibt es Fleisch im eigenen Hofladen nur in begrenzten Mengen. Neben Pinzgauer Rindern und Hühnern finden auch schwäbisch-hällische Landschweine vor der malerischen Kulisse ihren Weideplatz. Auch Ferien auf dem Bauernhof werden angeboten.

huberhof-zell.de

Creative Alps

DIE ALPEN NEU DENKEN

Die drei B's von *Creative Alps*, Jens Badura, Matthias Bunsen und Andreas Bunsen, mussten sich fast zwangsläufig treffen. Aus unterschiedlichen Tälern aufgebrochen, kreuzten sich projektweise immer mal wieder die Routen, bis sie in einer Seilschaft das erste Kapitel ihres gemeinsamen Tourenbuchs in den Alpen aufgeschlagen haben. Die drei Partner leiten und verantworten *Creative Alps*.

NEUE NARRATIVE FÜR EINE NACHHALTIGE ENTWICKLUNG DES ALPINEN RAUMS

Die Alpen: nicht nur stark anziehende touristische Destination, sondern auch ein Lebens- und Wirtschaftsraum mit langer Tradition und Geschichte. *Creative Alps* fungiert als Denk- und Dialogwerkstatt, die den Wandel in Wirtschaft und Gesellschaft im Alpenraum erforscht. Hier entstehen neue Narrative für eine nachhaltige Entwicklung des alpinen Raums, welche dann in unterschiedlichen Formaten und Netzwerken erprobt werden.

Durch Kooperationen mit lokalen und regionalen Partnern, mit Hochschulen, Kulturinstitutionen und Kulturfestivals im Alpenraum sowie mit alpenpolitischen Organisationen ist *Creative Alps* nicht nur gut vernetzt, sondern zugleich auch *Vernetzter* und *Verkehrsknotenpunkt* für alpinen *Ideentransit*.

Für *Creative Alps* sind die Alpen Inspirationsquelle und Experimentierfeld für montan-urbane Denkweisen und Lebensformen. Was macht ein kreatives Milieu in Berggebieten aus? Welche Rolle spielt die besondere Nähe zu Traditionen aus Brauchtum und Handwerk? Welche Möglichkeiten, Synergien und Stimulationen ergeben sich für einen Austausch zwischen den Berggebieten und urbanem Raum? Dabei begleiten die drei Unternehmen und Institutionen aus dem privaten, öffentlichen und sozialen Sektor auf dem Weg vom kreativen Gedanken bis hin zur Umsetzung der Idee.

WEB
creativealps.org
INSTAGRAM
@creativealpsorg

Will man eine Region kennenlernen, muss man deren Menschen, Kultur und Natur kennenlernen. Diese drei Facetten spiegeln sich beispielsweise in der Architektur wider: Sie repräsentiert die Identität des jeweiligen Ortes und der jeweiligen Situation. Ein greifbares Beispiel wird der *Kulturhof Stanggaß* (Siehe Seite 212), in den die Denkwerkstatt von *Creative Alps* ab 2021 einzieht.

Auf den folgenden Seiten gibt es die Tipps der drei B's wie sich ein Perspektivwechsel und die Philosophie von *Creative Alps* entdecken und erfahren lässt.

1 — Schaukelinstallation Obersalzberg (Hotel Kempinski)

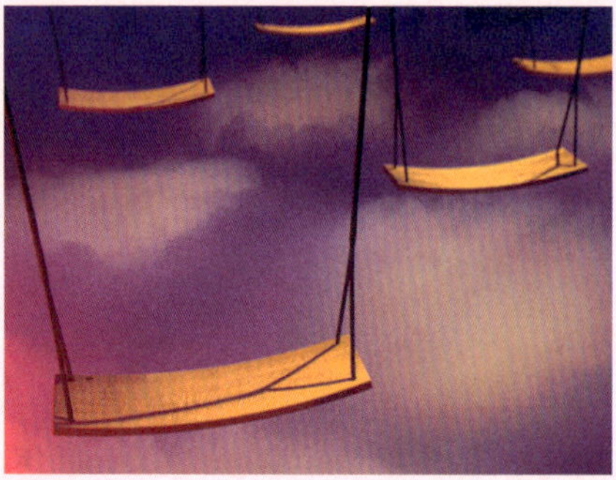

HUTSCHN, BISCHOFSWIESEN

Hutschn, das sind handgemachte Schaukeln aus lokaler, über zehn Jahre lang getrockneter Eiche. Die Seile für den Schaukelgenuss werden von Hand gespleißt, geflochten und ohne Knoten befestigt. Auch fürs bloße Auge ein Hochgenuss. Draufsetztten, abstoßen und losschaukeln. Über den Dingen schweben und die Umgebung auf sich wirken lassen. Dabei ändert sich die Wahrnehmung und es entstehen immer wieder neue Perspektiven. Die Füße schaukeln in der Luft, der Wind pfeift durch die Haare und dieses Gefühl von unbeschwerter Freiheit stellt sich ein. Einfach die Seele baumeln lassen und wieder einmal das Kind in sich spüren. Es kann so einfach sein. Und genau das ist die Kraft dahinter – ein Vergnügen, das den Kopf frei macht und uns vom Alltag loslöst.

hutschn.de

HAUS DER BERGE, BERCHTESGADEN

Das *Haus der Berge* in Berchtesgaden ist das zentrale Informations- und Bildungszentrum des *Nationalparks Berchtesgaden*. Es wird ergänzt durch fünf externe Infostellen an den großen Eingängen zum Nationalpark, wie etwa das *Klausbachhaus*, und auch innerhalb des Parks. Mit seiner energieeffizienten Bauweise und innovativen Innenausstattung ist das *Haus der Berge* ein gelungenes Beispiel dafür, wie Architektur zeitgenössische Perspektiven in einem traditionsgeprägten Umfeld wunderbar platzieren kann.

haus-der-berge.bayern.de

WALLFAHRTSKIRCHE MARIA HEIMSUCHUNG IN ETTENBERG

Umgeben von der atemberaubenden Bergwelt der Berchtesgadener Alpen liegt auf einem Hochplateau die Wallfahrtskirche *Mariä Heimsuchung*. Um das nördlichste Massiv des Plateaus, den Untersberg, ranken sich viele Sagen und Mythen. In spiritueller Hinsicht bieten sich hier Erfahrungsperspektiven, die nur Kraftorte mobilisieren können. Im Anschluss daran kann man sich beim *Mesnerwirt* direkt darunter bei einer Brotzeit stärken.

stiftsland.de

DESTILLERIE ANGELIKA SCHEID, BISCHOFSWIESEN

Die Edelbrand-Sommelière setzt auf sorgsames Handwerk. Das Obst stammt von eigenen Obstwiesen aus dem Chiemgau, ist komplett naturbelassen und wird von der Familie selbst geerntet. Jeden Dienstag und Freitag von 15 bis 18 Uhr öffnet Angelika für Besucherinnen und Besucher ihren Verkostungsraum. Auf Wunsch organisiert sie auch private Verkostungen mit kleinen Snacks.

as@destillerie.eu

DIE JUHASZ TAGESBAR, BAD REICHENHALL

Bar, Restaurant, ausgewählte Feinkost zum Mitnehmen. Man sitzt an kleinen Tischen der Jahrhundertwende aus dem *Schlosshotel Herren Chiemsee*, tafelt an langen Werkbänken oder lümmelt auf bequemen Bänken – immer mit diesem magischen und einzigartigen Blick auf die Alpen und Dächer von Bad Reichenhall.

kaufhaus-juhasz.de/genuss

RAUMFAVORIT, BERCHTESGADEN

Ein Ort für Wohndesign, Küchenzubehör, Haushaltswaren, Licht und zahlreiche Geschenkideen. Hochwertiges, langlebiges Kochgeschirr von *Le Creuset* und *Riess* findet sich dabei ebenso im Sortiment wie diverse Designklassiker. Ergänzt wird die Auswahl durch Küchenhelfer von *Opinel* und *Rösle*, die bei regelmäßigen Kochkursen der Schmankerl-Werkstatt und kulinarischen Veranstaltungen im Raumfavorit zum Einsatz kommen.

raumfavorit.de

Silk & Honey

44

ADRESSE Kaiserstraße 10, 83022 Rosenheim — **T** 08031 796 917 6
IG @silk_and_honey — **WEB** silkandhoney.de

Liebe Herren, blättern Sie weiter, hier geht es nicht um Sie. Lassen Sie sich lieber vom Ergebnis überraschen: von *Silk & Honey* Couture. Dahinter stecken die beiden Creatricés de Mode Agnes Zeller und Konstanze Grabmayr, die nach Wünschen ihrer Kundinnen Braut-, Cocktail-, Abend- und Everyday-Kleider von Hand fertigen.

Der Trend in Oberbayern Hochzeit zu feiern bietet sich aufgrund der Kulisse und der schönen Locations schon mal an. Was liegt da näher als das Brautkleid gleich in Rosenheim zu beauftragen. Schließlich muss man dann ja öfter hin. Egal für welchen Anlass, *Silk & Honey* zelebriert Weiblichkeit, von dezent bis elegant, von verführerisch bis göttinnengleich. Eines sind die Kreationen der beiden immer: Hochwertig und vielfältig in der Materialauswahl, perfektes Handwerk und ein Ergebnis, das Damen wie Herren gleichermaßen den Atem verschlägt.

Unbedingt einen Termin vereinbaren. Denn Sie möchten ja auch nicht, dass bei Ihrer Anprobe jemand einfach nur mal schauen möchte.

Weishäupl Möbelwerkstätten

45

ADRESSE Neumühlweg 9, 83071 Stephanskirchen — **T** 08036 906 80
IG @weishaeupl_werkstaetten — **WEB** weishaeupl.de

Das Schöne am Sonnenschein ist, dass dieser uns den Schatten wieder schätzen lässt. Ob Terrasse, Garten oder Balkon, die Verlängerung nach draußen macht ein Zuhause erst perfekt.

Weishäupl Möbelwerkstätten sind für ihre Sonnenschirme bekannt: Hartholz und Segeltuch-Stoffe in frohen Farben, vielfältige Formen und so manchem Föhnsturm trotzend. Für zu Hause und für die Gastronomie. Angefangen hat bei *Weishäupl* alles 1969 mit modularen Möbeln. 1974 kamen die Schirme dazu und so führt heute beim Draußensitzen kein Weg an den Stephanskirchner Manufaktur-Produkten vorbei.

Die Reihe *Cross* ist *Weishäupls* moderne Interpretation der bayerischen Bierbank-Garnitur, ebenfalls klappbar, mit abnehmbaren Rückenlehnen und genau dem Maß an Komfort mehr, damit das *Zammhocka* einfach noch ein bisserl gemütlicher ist. Wer mit dem Gedanken an eine Outdoor-Küche spielt, findet in der *Deck-Reihe* stabile und wetterfeste Schränke und Buffets, wahlweise mit Abdeckplatten aus unbehandeltem Teak, Granit oder Edelstahl.

Insgesamt gibt es 20 Möbel- und neun Schirm-Produkt-Familien. Hinweise zu Händlern gibt es bei *Weishäupl* telefonisch oder über die Website.

Destillerie Guggenbichler

46

ADRESSE Oberacherting 1, 83112 Frasdorf — **T** 08032 707 994 7
IG @destillerie_guggenbichler — **WEB** edelbrandmanufaktur.com

Johann Guggenbichler verfolgt einen ganzheitlichen Ansatz. Er hält Hühner, um den Boden rund um seine Obstbäume von Bodenschädlingen frei zu halten. Als der hiesige Imker aus Altersgründen das Imkern aufhörte, lernte Johann Guggenbichler wie das geht und hält seitdem selbst Bienen. Als der 200 Jahre alte Birnbaum umfiel und ihm ein Händler einen veritablen Betrag für das Holz bot, entschied Johann, dass der Baum da bleibt, wo er seit Generationen stand. Vögel und nützliche Insekten haben seitdem dort ihren Platz und sind Teil der ganzheitlichen Philosophie von Guggenbichler.

Vor allem aber brennt Guggenbichler qualitativ hochwertige und schmackhafte Edelbrände, meist aus Obst und Beeren vom eigenen oder den umliegenden Nachbarhöfen. Schon als Kind schaute er sich vom Vater ab, was heute sein Beruf ist: Schnaps brennen. Dazu gehört Maischen, Mazerieren, Destillieren und natürlich die Auswahl der besten Früchte.

Es steht zu lesen, dass auf *Guggenbichlers Hof* schon im 13. Jahrhundert gebrannt wurde. Seit 1829 gehört das Hofgut in den Hügeln oberhalb Frasdorfs den Guggenbichlers. Die Edelbrände, Liköre, Geiste und Wasser sind vielfach prämiert und in den besten Häusern, zum Beispiel *Winklers Residenz* im nahen Aschau, fester Bestandteil der Karte.

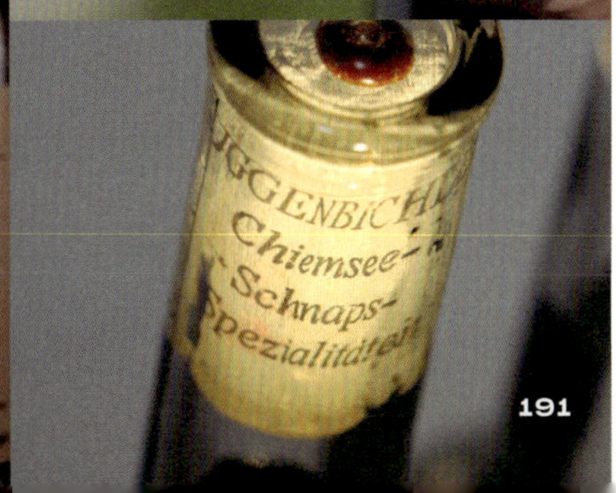

Blechblasinstrumente Baumann

47

ADRESSE Kampenwandstraße 71, 83229 Aschau im Chiemgau — **T** 08052 531 1
WEB blechblasinstrumente.de

Die Ein-Mann-Manufaktur des Blechblasinstrumentenbauers Peter Baumann ist ein Beispiel dafür, dass man handgemachte Produkte auch ohne Werbung oder Social Media an Kundinnen und Kunden bringen kann, wenn die Zielgruppe einer kleinen Nische angehört. Zum einen spricht sich innerhalb einer Gruppe, wie den Orchestermusikerinnen und -musikern oder Solistinnen und Solisten herum, wer hohe Qualitätsansprüche bedient. Zum anderen müssen die Qualität, das Handling und der Klang stimmen.

So genießt der in Aschau ansässige Peter Baumann einen weltweit guten Ruf. Die Wege dorthin waren verschlungen: Ein amerikanischer Trompeter mit einer *Baumann-Trompete* trifft auf einen italienischen, der sich begeistert auch ein Baumann-Instrument kauft. Ihr Klang und die Begeisterung des Kollegen, sorgen für Anfragen eines weiteren Kollegen aus Deutschland, und so weiter – und das seit gut 30 Jahren. Entscheidend ist die Funktion des Instruments. Das ist der Klang, logisch, aber auch die Ergonomie des Musikers, auf die bei *Baumann-Instrumenten* eingegangen wird, zum Beispiel die Besonderheiten der Hände. Vom Zuschneiden des Blechs, den perfekten Verbindungen der Teile und der Präzision des Schallstücks erfüllen alle Aspekte höchste Ansprüche an Tradition, Ästhetik und Handwerk. Und das zu einem guten Preis: Ein Blechblasinstrument von Peter Baumann kostet, da es keinen Zwischenhändler gibt, fast das Gleiche, wie ein Fabrik-Produkt, ist aber um ein Vielfaches individueller.

Beyer's Oil

48

ADRESSE Bernhauptener Straße 10, 83346 Bergen — **T** 08662 200 297 2
IG @beyersoil — **WEB** beyersoil.com

Bart tragen, heißt Bart pflegen. Pflegt man die prägnante Gesichtsbehaarung nicht, hat man nicht lange Spaß daran. Denn unter all dem Haar trocknet die Haut ohne Pflege aus und kann jucken. Wer will das schon? Durch die Benutzung der Bartpflege-Produkte von *Beyer's Oil* sind die Haare und die Haut darunter geschmeidig, geölt (ohne zu fetten), sitzen perfekt und vor allem, was auch die Partnerin oder den Partner erfreuen dürfte, duften frisch nach Verveine (Eisenkraut), Bergamotte und ein kleines bisschen nach Lavendel. Der gebürtige Chiemgauer Basti Beyer trägt seit 20 Jahren Bart und produziert seit 2015 seine Produkte in Berchtesgaden. Dabei verwendet er ausschließlich natürliche Inhaltsstoffe, wie beispielsweise Bienenwachs aus dem Nachbarort.

Auf seiner Website finden sich ein Produkt- und Pflege-Guide, abgestuft nach Bartlängen, ein zielgenauer *Wie schenke ich das richtige Bartpflege Produkt?*-Ratgeber sowie ein amüsantes Lehr-Video. Basti Beyer ist eine One-Man-Show und oft unterwegs – beim Ausliefern seiner Produkte oder auf Märkten. Deswegen vorab einen Termin vereinbaren.

Schmiedewerk Asbeck

49

ADRESSE Telefonisch auf Anfrage — **T** 0173 570 82 68
IG @schmiedewerk_asbeck — **WEB** schmiedewerk-asbeck.de

Benjamin Asbecks Ur-Großvater war schon Hofschmied und so baute der junge Benjamin die Familien-Schmiede mit seinem Vater wieder auf. Auch sein Onkel trug zu seinem heutigen Können bei. Benni lernte bereits im frühen Teenager-Alter von ihm das Schweißen und ein paar Jahre später das Klingenschmieden. Das nützliche Talent, seine Entwürfe selbst zu zeichnen, gab ihm seine Mutter mit.

Vor ein paar Jahren stand Benjamin Asbeck schon einmal in einer *Makers Bible* – und seitdem hat sich sein Stil und das Aussehen seiner Messer weiterentwickelt. Puristischer und eleganter im Finish, schmiedet er fast alle Messer auf Bestellung. Ob Jäger oder Fischer, Koch oder Outdoorer, seine Kundinnen und Kunden beschreiben, Benjamin versteht. Wer Wert darauf legt, bekommt den Entstehungsprozess seines Messers in einem Fotobuch dokumentiert.

Messer vom *Schmiedewerk Asbeck* entstehen am Chiemsee aus recyceltem Metall und deren Griffe aus heimischem Holz, sofern die Kundin oder der Kunde nicht sein eigenes mitbringt. Da der leidenschaftliche Messermacher am liebsten schmiedet, sollte man sich telefonisch oder per Mail mit ihm verabreden. Er gibt Ihnen dann auch die Adresse.

Destillerie Schnitzer

50

ADRESSE Kaltenbach 1, 83278 Traunstein — **T** 0170 744 37 41
IG @destillerie_schnitzer — **WEB** destillerie-schnitzer.com

Mitten im Chiemgau befindet sich die *Destillerie Schnitzer*. Schon seit knapp 100 Jahren werden in fünfter Generation erstklassige Destillate erzeugt und die Brennkunst von Generation zu Generation nicht nur weitergegeben, sondern immer wieder neu interpretiert. Die Rohstoffe, meist direkt aus dem Chiemgau oder eigenem Anbau, sorgen für nachhaltige Qualität und den einzigartigen Geschmack. Weder Aromazusätze, noch Zucker werden für die Destillate verwendet. So entstehen in liebevoller Handarbeit hochwertige Edelbrände, Liköre oder Gin.

„Wir bewahren das wertvolle Wissen unserer Familie, blicken aber auch über den Tellerrand und entwickeln neue spannende Destillate für unsere Kunden“, erklären die Brüder Stefan und Kajetan. Besonders stolz sind sie auf ihren Chiemgauer Gin. Wertvolle Zutaten und Aromen von ausgewählten Wacholderbeeren sorgen für einen einzigartigen Geschmack. *Distilled with love* im Chiemgau! Ein weiteres Augenmerk gilt den edlen Rohstoffen und der akribischen Entwicklung des neuen Flaschendesigns.

Wer die Brüder persönlich kennenlernen und in Aktion erleben möchte, kann sich gerne zu einer Brennereibesichtigung anmelden oder direkt im Hofladen vorbeikommen.

Dynamiko - Holz & Spiel

51

ADRESSE Ostmarkstrasse 1, 83413 Fridolfing — **T** 08684 969 995 0
IG @dynamikoholzspielzeug — **WEB** dynamiko-gmbh.de

Sie haben Kinder? Dann wissen Sie, liebe Leserin und lieber Leser, Kinder sind gnadenlos und sehr kritisch, wenn es um ihr Spielzeug geht. Konrad und Michael Mayer sind Ingenieure, vor allem aber auch Tüftler. Da sie beide Kinder lieben und noch dazu die bayerische Heimat und die Umwelt im Allgemeinen, haben sie sich und ihren Kundinnen und Kunden ein Versprechen gegeben: Kinderspielzeug auf Rädern zu schaffen, welches wirklich natürlich, tatsächlich praktisch und vor allem sicher ist. Ohne beim Spaß Kompromisse einzugehen. Die Räder des Aufsitz-Fahrzeuges *Fred* sind flüsterleise, alle Klappen, dank Soft-close-Mechanik ebenso. Radmulden sind so konstruiert, dass sich Kinderhände darin nicht einklemmen können. Zudem verfügen die Räder über etwas, wovon Mama und Papa beim eigenen Fahrzeug nur träumen können: Eine von den Mayers eigens patentierte Allradlenkung ohne Klemmstellen.

Zur Anwendung kommt Buchenholz aus nachhaltiger Waldwirtschaft, das nur natürlich geölt wird. Die Herstellung erfolgt in Teilen in der eigenen Werkstatt und in regionalen Werkstätten für Menschen mit Behinderung. Roll- und ziehbares Spielzeug, 100 Prozent *Made in Bavaria*.

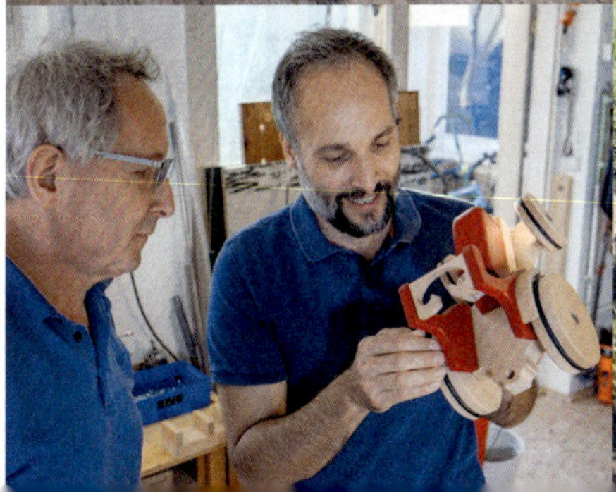

Die Bäcker Brüder

52

ADRESSE Im Stangenwald 40, 83483 Bischofswiesen — **T** 08652 203 7
IG @diebaeckerbrueder — **WEB** baecker-brueder.de

Brot liegt diesen *Bäcker Brüdern* aus Berchtesgarden seit drei Generationen förmlich im Blut. 1988 übernahmen Alfons und Franz Neumeier die väterliche Bäckerei und führten die Leidenschaft ihres Vaters mit einem frisch überarbeiteten Konzept unter dem Namen *Die Bäcker Brüder* fort. Heute leiten Franz und Christian mit ihrem Vater 60 Angestellte und sind seitdem um sechs Filialen gewachsen. Zulieferer, Angestellte, Kunden und Familien sind zusammen das, was *Die Bäcker Brüder* verkörpern. Sie stellen ihre hochqualitativen Backwaren aus lokalen Grundzutaten her und das macht die Stärke der Brüder aus.

Alle Teigvarianten werden nach ihren eigenen Rezepten mit wenig oder keiner Hefe und langen Teigruhezeiten zubereitet. Eine besondere, unverkennbare Note erhalten ihre Backwaren, weil die Brüder anders als üblich nicht mit gewöhnlichem Salz backen, sondern eine Sole verwenden, die direkt aus dem Salzbergwerk im Berchtesgadener Land kommt und noch alle natürlichen Salzmineralien enthält.

18 DORFKIND KERAMIK & WOHNKONZEPT

Tischlein deck dich!

Bewährtes erhalten und neuen Zeitgeist schaffen, nach diesem Motto hat Manuela Hollerbach ein stilsicheres Werkstattladen-Ambiente geschaffen, das handgemachte Keramik aus eigener Herstellung mit modernen und außergewöhnlichen Wohnaccessoires in den Räumen des ehemaligen Roßstalls im Höslwanger Kloster präsentiert. In der *Dorfkind Werkstatt* entstehen von Hand wunderschöne Keramikprodukte für den täglichen Gebrauch - reduziert, natürlich und zeitlos im Design. Geöffnet hat der Werkstattladen immer freitags und samstags sowie nach Absprache.

Kirchplatz 3c, 83129 Höslwang, Tel: 08055 447 988 6
Web: dorfkindkeramik.de, IG: @dorfkind_keramik

19 CHIEMSEEFISCHEREI STEPHAN

Freitags nur Fisch, sonst auch.

Auf eine über 400 Jahre alte Familientradition blickt die Chiemseefischerei Stephan zurück. So lange fischen sie hier schon im See, ziehen Renken, Forellen, Brachsen, Aale oder Saiblinge heraus, räuchern und verkaufen sie in ihrem Laden. Wer nicht selbst zubereiten mag, geht ins angeschlossene Fischerstüberl. Freitagmittag ist Backfischtag, Räucherfisch gibt's aber auch. Nur welchen, weiß man nie im Voraus, die Natur ist manchmal launig. Dazu Kartoffelsalat und eine Weißweinschorle, fertig ist der Fischhimmel.

Alte Rathausstraße 31b, 83209 Prien am Chiemsee
Tel: 08051 242 3, Web: chiemseefischerei-stephan.de
IG: @chiemseefischereistephan

Shoe Company Concept

20

ADRESSE Salinstraße 1, 83022 Rosenheim — **T** 08031 408 775 5
IG @shoecompany_concept — **WEB** shoecompany-concept.de

Einen *Point of Soul* wollte die Inhaberin Sophie Lumpe mit ihrem *Shoe Company Concept Store* in Rosenheim schaffen und das ist ihr gelungen. Wer den kleinen, aber sehr feinen Store einmal besucht hat, kommt wieder. Zum einen liegt das an der natürlichen Herzlichkeit der Besitzerin und ihres kleinen Teams. Zum anderen an der Begrüßung: Es gibt einen handgemachten Kaffee aus der Siebträgermaschine und köstliche Tartufi, die auch zum Sortiment gehören. Genuss in Verbindung mit Interior und Fashion: Olivenöl aus der Toskana, farbenfrohe Vasen aus Portugal, feinster, ökologischer Strick des eigenen Labels *Frie Lou* aus Bayern und natürlich Schuhe, von rahmengenäht bis vegan. Mit Leidenschaft und viel Liebe zum Detail kuratiert die Inhaberin ihr Sortiment. Da sie zu den meisten Lieferanten persönliche und langjährige Beziehungen pflegt, erhält man hier auch gleich die entsprechenden Background-Stories zu den Produkten dazu. Denn Sophie und ihr Team nehmen sich Zeit für ihre Kundinnen und Kunden und so kann aus einem kurzen Einkauf auch mal ein halber Nachmittag werden, der sich anfühlt wie ein Urlaub für die Seele – a *Point of Soul* eben!

Ladenbergen

21

ADRESSE Dorfplatz 7, 83346 Bergen — **WEB** ladenbergen.de

Man könnte beinahe glauben, dass das Wort „umtriebig“ eigens für den Auer Andreas erfunden wurde. Nun ja fast eben. Da ist er 25 Jahre bei der Post, nebenbei genauso lang DJ, Bandmanager, Veranstalter und noch vieles mehr. Die Steilvorlage für seinen *Ladenbergen* lieferten die ersten DJ-Sets in Berlin Mitte der 90er. Jeder Freak hatte da einen Laden. Das kann er auch.

Mit etwas Verspätung, nämlich im Oktober 2013, war es dann soweit: Mit Kompagnon Ingemar Maier eröffnet er eine Mischung aus Tante-Emma-Bio-Feinkost-Laden samt großer Vinyl-Abteilung und Fairtrade-Kleidung mitten im Dorf gegenüber der Kirche. Es folgen unzählige Barabende, Konzerte, Lesungen und in den Laden wandert immer mehr Handgemachtes aus der Region, inklusive Bier, Schnaps und Lebensmittel.

2015 entsteht unter seiner Regie das Open Air-Festival *Grimmig & Grantig* mit lokalen und internationalen Künstlerinnen und Künstlern. Die Besonderheit: Kein abgesperrtes Gelände, die Bezahlung freiwillig – und ganz schnell Kultstatus.

Seit 2018 organisiert und veranstaltet Andreas dazu noch einen kleinen Markt am Dorfplatz. Obst, Gemüse, Feinkost, ein bisserl Live-Musik. Jeden zweiten Freitag im Monat heißt es dann: Musik, Kunst und Genuss.

Hiesiges

22

ADRESSE Christandl Hof / Lampertsham 7, 83349 Palling — **T** 0157 352 318 37
IG @hiesiges.christandlhof — **WEB** hiesiges.de

Keine zehn Minuten westlich vom Tachinger See ist etwas Besonderes entstanden: Auf dem *Christandl Hof* haben Laura Gehricke und Tina Fedeli einen Laden für handwerklich hergestellte Produkte von Makern & Craftern aus der Nachbarschaft geschaffen, dessen Produkte getöpfert, gedrechselt oder geflochten sind. Zum Beispiel das farbenfrohe, skandinavisch anmutende Steingut der Tittmoninger Töpferin Bianca Wesnitzer, Küchenutensilien aus Holz vom Ehepaar Potocki oder Keramik von Elisabeth und Thomas Heimbucher, die ihre Marke *Töpferei Strandbad* nennen, da sie auch das *Chieminger Strandbad* betreiben. Holz-Schalen und -Gefäße des Nöstelbacher Holzbildhauers Marco Brückner sind ebenfalls hier vertreten.

Neben dem Laden mit seiner kühlen Säulenhalle eröffnet im Sommer 21 auch der Hofkiosk und verspricht lokale und mit Liebe gemachte Genüsse, wie Kaffee und Kuchen. Laden und Kiosk sind auch wie dafür geschaffen, um sich im dörflichen Austausch auf ein erfrischendes oder belebendes Getränk zum Ratschen niederzusetzen und froh zu sein, dass es sowas noch – oder wieder – gibt.

Villa Seidl

23

ADRESSE Bahnhofstraße 172, 83346 Bergen — **T** 0175 886 891 60
IG @villaseidlshowroom

In Bergen, zwischen Hochfelln und Chiemsee, haben Michaela Wiedemann und Udo Deinhart ihren Showroom eingerichtet. Gekonnt mischen sich hier Möbel und Dekoartikel, Antiquitäten und andere Fundstücke, die von ihren Reisen den Weg mit in die *Villa Seidl* gefunden haben. Mehrmals im Jahr fahren die beiden nach Belgien und Frankreich, um bei ausgewählten Händlern alte Raritäten einzukaufen.

Dazu baut Autodidakt Udo Deinhart seit über 25 Jahren Betten, Schränke und andere Möbel in seiner kleinen Werkstatt. Modern, vintage, aber immer in seinem eigenen Stil. Holzbojen verwandeln sich je nach Größe in individuell gefertigte Schlüsselanhänger bis hin zu Schirmlampen. Überhaupt kann er fast alles zur Lampe umfunktionieren. Immer dabei: der handgefertigte Schirm, in verschiedenen Größen, Formen und Farben und mit ganz viel Liebe zum Detail.

Michaela Wiedemanns Leidenschaft sind Farbkonzepte und Einrichtungsberatung für private und gewerbliche Räume. Als Team ergänzen sich die beiden perfekt und gestalten so (Ferien-)Wohnungen, Cafés und Restaurants, von der punktuellen Ergänzung mit ausgesuchten Einzelstücken bis hin zur kompletten Neugestaltung. Termine gerne per Telefon vereinbaren.

DO NOT ROLL-
AMMUNITION CONTAINER

KOOPERATION

Der *Polestar Space* im Herzen von München (Färbergraben 16) ist eine einladende, kreative Umgebung, um zu inspirieren, zu informieren und zu begeistern – für die Fahrzeuge ebenso wie für das Thema Elektromobilität. Es geht um ein Erlebnis! Im Mittelpunkt stehen die Fahrzeuge, die in der galerieartigen, minimalistischen Atmosphäre fast schon wie Kunstwerke präsentiert werden. Wir überzeugen mit Design, Technologie, hoher Qualität und unserer Leidenschaft: Wir wollen den Wandel hin zu nachhaltiger Mobilität vorantreiben – als wichtigen Beitrag für unsere Umwelt und somit für unsere Gesellschaft.

Polestar

Was uns mit den Makern, Händlern und Gastgebern der *Makers Bible* verbindet, ist das Streben nach *Nachhaltigkeit, Qualität und inspirierendem Design*. Somit ist es für uns eine große Freude, der *Makers Bible* als Partner zur Seite zu stehen und diese zu elektrisieren.

Tel: 089 444 537 872
Web: polestar.com/de/spaces/munich

21 WIRTSHAUS SALETTL MIT BIO METZGEREI

Ois Bio

Das *Wirtshaus Salettl* mit idyllischem Biergarten und gemütlicher Gaststube liegt in Stephanskirchen bei Rosenheim und wird von der Simsseer Weidefleisch Genossenschaft betrieben. Aufgetischt werden feine, meist traditionell bayerische Gerichte, die ausschließlich aus biologisch erzeugten Zutaten frisch gekocht werden. Das Fleisch kommt direkt von der angeschlossenen Bio-Metzgerei mit eigener Schlachtung, die von kleinen, regionalen Bio-Landwirten beliefert wird, die ihre Tiere artgerecht und nachhaltig auf der Weide halten und teilweise auch Genossenschaftsmitglieder sind.

Finsterwalderstraße 1, 83071 Stephanskirchen
Tel: 08031 408 609 0, Web: simsseer-weidefleisch.de
IG: @simsseer_weidefleisch_eg

Wiggerl Siebzehn

22

ADRESSE Ludwigstraße 17, 83278 Traunstein — **T** 08612 117 411 8
IG @wiggerl17 — **WEB** wiggerl17.de

Mitten in Traunstein, direkt am Park haben Hannes und Boris ihr Herzensprojekt gestartet, das *Wiggerl Siebzehn*. Wo früher ein Spielzeugladen Kinderherzen hat höherschlagen lassen, geht es jetzt im liebevoll restaurierten Stadthaus vor allem um Gastlichkeit und Genuss, um Qualität und Ästhetik.

Drinnen dominieren warme Farbtöne, das Interieur ist ein moderner Mix aus Ahorn, Naturstein und Stahl. Augenblickliche Wohlfühlatmosphäre. Wo urbanes und alpines Lebensfühlgefühl so wunderbar zusammengehen, darf natürlich das leibliche Wohl nicht zu kurz kommen – und tut es auch nicht, im Gegenteil. So kredenzen die beiden etwa fantastischen Kaffee aus Röstereien von Garmisch bis Hamburg, dazu gibt's verschiedene Brotzeiten mit wechselnden, selbstgemachten Aufstrichen, fermentiertem Gemüse, hauchdünn geschnittenem Schinken und Speck aus Südtirol und natürlich auch das eine oder andere Stück Kuchen. Ach ja, der Name: Ein Ludwig wird in Bayern gerne liebevoll Wiggerl genannt. Und da die Adresse die Ludwigstraße 17 ist, wird daraus, genau, *Wiggerl Siebzehn*. Logisch.

Landhaus Tanner

23

ADRESSE Aglassing 1, 83329 Waging am See — **T** 08681 697 50
IG @landhaustanner — **WEB** landhaus-tanner.de

Stillstehen, alles so belassen, wie es ist, das kommt für Steffie und Franz Tanner nicht in Frage. Im Gegenteil. Gerade erst im November 2019 haben sie ihr *Landhaus Tanner* verschönert, wurde an- und umgebaut. Nun lässt es sich etwas größer, moderner, aber weiterhin gemütlich Urlauben im oberbayerischen Voralpenland.

Ein Herzstück bleibt die Kulinarik von Chefkoch Franz Tanner. Ehrliche Gerichte mit hohem Anspruch an die Qualität und Herkunft der verarbeiteten Produkte und immer mit einer Prise Raffinesse garniert. Dazu regionale Weine und Fassbier aus dem Hofbräuhaus Traunstein. Genießen ist erlaubt, gerne auch langsam, schließlich ist der Wirt Verfechter der Slow Food Philosophie. Im Stüberl, Restaurant und bei schönem Wetter natürlich auch draußen im Gastgarten, können sich die Gäste ein ums andere Mal von der hervorragenden Küche verwöhnen lassen. Unter der Leitung von Franz Tanner gibt es auch immer mal wieder Kochkurse passend zur Jahreszeit. Wer also ein bisschen Waginger Landhausflair mit nach Hause nehmen möchte, kann da dem Chef über die Schulter schauen – und sich anschließend in den neuen Zimmern von der Gastfreundschaft umschmeicheln lassen.

Berchtesgadener Esszimmer

24

ADRESSE Nonntal 7 , 83471 Berchtesgaden — **T** 08652 655 430 1
IG @berchtesgadeneresszimmer — **WEB** esszimmer-berchtesgaden.com

Esszimmer. Treffender hätte Maximilian Kühbeck sein kleines Restaurant im historischen Nonntal nicht nennen können. Hier wird gegessen. Gleichzeitig ist es eine ziemliche Untertreibung für das, was man hier tatsächlich vorgesetzt bekommt. Nämlich beste regionale Küche in hervorragender Qualität. Mit viel Herzblut und echtem Handwerk kocht Maximilian Kühbeck seit 2016 in seinem *Esszimmer.* Sobald der Nachwuchs im Bett liegt, greift ihm seine Frau Roxanna beim Anrichten und im Service tatkräftig unter die Arme. Die beiden machen alles selbst und wollen regionale und traditionelle Produkte, die jede und jeder kennt, neu auf den Teller bringen. Der Anspruch an sich selbst und an die Ware ist dabei hoch. Saibling und Forelle kauft Maximilian bei der *Fischzucht Resch* in der Stanggaß, sein Fleisch beim *Metzger in Grödig* oder vom Hof des Bruders, Gemüse in Wals, alles bio aus Eigenproduktion. „Das ist schon aufwändig, ich fahre zweimal die Woche frisches Obst und Gemüse einkaufen. Beliefern kann der Biohof nicht." Ab elf Uhr steht er in seiner Küche und bereitet die Menüs für den Abend vor. Handarbeit, Können und Kreativität, alles auf engstem Raum, was dem Genießen keinen Abbruch tut.

Ferienhaus Schmidhuber

18

ADRESSE Tabing 24 A, 83339 Chieming — **T** 08667 162 00
IG @ferienhaus_schmidhuber — **WEB** schmidhuber-chiemgau.de

Bauerntisch meets Barcelona Chair – direkt neben dem geschichtsträchtigen Schmidhuberhof am Ortsrand von Tabing steht seit 2018 ein modernes Passivhaus. Mit seiner Holzverschalung und der einfachen geometrischen Form erinnert das Haus *Schmidhuber* eher an eine Scheune. Innen aber kommt die Überraschung: edle Materialien, helle Farben, modernes Interieur – und ganz viel Platz.

Zwischen den beiden Ferienwohnungen und dem Hof liegen nicht nur mehr als 500 Jahre, sondern auch Stilwelten. Auf jeweils 82 Quadratmetern finden Gäste alles, was man zum Leben braucht. Ein großer Wohn- und Essbereich, zwei Schlafzimmer, ein Vollbad mit Regendusche sowie eine große, überdachte Loggia. Eigens angefertigte Möbel aus Holz und Eisen, Design-Klassiker und regionale Antiquitäten ergeben einen ganz individuellen Mix. Beim Blick durch die bodentiefen Fenster auf Wiesen und Wälder fühlt man sich schnell als Teil der Natur – und fährt augenblicklich ein paar Gänge herunter.

Die Gastgeber, Grafikerin Daniela Niederbuchner und Maler und Restaurator Christian Bauer, leben seit 1993 auf dem Hof. Mit ihrem puristischen Ferienhaus unweit des Chiemsees haben sie einen Ort geschaffen, wo es sich äußerst stilvoll Urlauben lässt.

Sailerhof

19

ADRESSE Mauerham 3, 83373 Taching am See — **T** 08687 217
IG @sailerhof — **WEB** sailerhof.de

Ein Bauernhof wie aus dem Bilderbuch – das ist der *Sailerhof* der Familie Gramminger. Seit 2019 führen nun Franz und Hannah den Hof, modern und traditionsbewusst, schließlich steht er nunmehr über 50 Jahre für Urlauberinnen und Urlauber zur Erholung unweit des Tachinger Sees bereit.

Die Ferienwohnungen und Zimmer haben Blick über Chiemgauer Wiesen, Berge und den See. Ideale Voraussetzungen, um in der neu geschaffenen Yogapraxis mit Hannah den Sonnengruß zu üben. Aber auch sonst ist der *Sailerhof* ein Idyll für die ganze Familie samt Wald- und Ackerbau, Streichelzoo und Spielplatz, Gemüsegarten und direktem Seezugang. Besonders interessant: Das Gut steht auf einer Streuobstwiese und die gibt allerhand her für die eigene Schnapsbrennerei. Was in der Gegend wächst, wird also regelmäßig gebrannt, abgefüllt, gefiltert. Die Qualität der Destillate ist außerordentlich und frei von Zucker- oder Aromazusatz. Über 40 verschiedenen Brände, Liköre und Geiste sind es mittlerweile. Ganz neu: der Chiemgau *Dry Gin No.1*. Frisch und würzig bildet er den Auftakt zu einer neuen Ära im Brennerei Sortiment von Franz. Im Hofladen kann man sich dann für Weiterreise, Picknick oder Heimweg eindecken – und somit die Sailerhofstimmung ein bisschen verlängern.

Kulturhof Stanggass

20

ADRESSE Berchtesgadener Straße 111, 83483 Bischofswiesen
IG @kulturhofbayern — **WEB** kulturhof.bayern

Mitten in der malerischen Bergkulisse Berchtesgadens steht jetzt etwas ganz Neues, nämlich der *Kulturhof Stanggass*. Dabei haben die Architekten den typischen *Berchtesgadener Paarhof* modern interpretiert und auf eine nachhaltige Holzbauweise gesetzt. Der *Kulturhof* geht aus einem ambitionierten Projekt hervor, das nicht nach den gängigen Tourismuskonzepten aufgebaut ist. Ganz bewusst sollen hier Gemeinschaft, Kultur und Kreativität im Mittelpunkt stehen.

Ein Ort der Begegnung soll es werden, einer des Austausches, an dem neue Ideen gefunden und Horizonte erweitert werden. Dabei fußt das Projekt auf fünf Säulen: dem Hotel, dem Gasthaus, Veranstaltungen, Bewegung und Kreativität. Von der Schafkopfrunde bis zum Kreativ-Meeting, vom Sonnengruß-Anbeter bis zum Brautpaar, vom Philosophen bis hin zum Koch – für jede und jeden ist Platz, egal, ob Einheimischer oder Gast, Kreativschaffender oder Müßiggänger.

Im Herbst 2021 soll es offiziell losgehen mit dem *Kulturhof*. Unter den wachsamen Augen des Watzmanns sind alle willkommen. Die Perspektivwechsler, die Andersmacher, die Weiterdenker. Und dabei werden Mensch, Natur und Kultur im neuen *Kulturhof* jederzeit im Mittelpunkt stehen.

Matador Lodges

21

ADRESSE Chieminger Straße 17, 83355 Grabenstätt — **T** 08661 983 30
IG @matador_lodges — **WEB** matador-lodges.com

Ein Hauch Silicon Valley weht um den Chiemsee. Der Initiator der *Matador Lodges*, Martin Imdahl, erschuf aus der elterlichen Garage heraus das Modelabel *Windsurfing Chiemsee* – und damit die Uniform einer Generation. Die Marke mit dem ikonischen Jumper wuchs, die Garage war schnell zu eng. Daher entschied sich Martin, den Firmensitz vom elterlichen Anwesen in das ehemalige Mädchenpensionat in Grabenstätt, dem heutigen Standort der *Matador Lodges*, zu verlegen. Nach dem Verkauf von *Windsurfing Chiemsee* entstand die Marke *Matador*. Dabei definiert sich die *Matador-Welt* nicht als reines Modelabel, sondern treibt weitere Projekte voran, wie etwa eine eigene Pferdezucht in Andalusien, Kooperationen mit Künstlerinnen und Künstlern und Konzeptentwicklungen von Läden.

Martin Imdahl hat nun mit den *Matador Lodges* auf dem Gelände seines ehemaligen Firmensitzes ein exklusives Boutique-Hotel eröffnet. Im 7.000 Quadratmeter großen Park befinden sich neben dem Teich die historische Villa sowie vier Cottages. Dazu ein Spa-Cube mit Sauna und Floating-Becken. Damit schafft er den perfekten Rückzugsort für all jene, für die Ruhe, Design und Privatsphäre ein echter Luxus sind. Und die Design- und Formalästhetik braucht sich vor der im Valley keinesfalls zu verstecken.

Farmhouse 1604

22

ADRESSE Seethal 11, 83236 Übersee — **T** 08642 549 030 0
IG @farmhouse.1604 — **WEB** chiemgauhof.de/farmhouse

Wo vor über vier Jahrhunderten ein Chiemseefischer mit Familie wohnte, können heute im denkmalgeschützten Steinhaus entspannungssuchende Gäste ihren Urlaub am *Bayerischen Meer* verbringen. Genauer gesagt, in Seethal, eine Viertelstunde zu Fuß durchs Naturschutzgebiet bis zum Chiemsee. Zwischen Mündungsdelta der Tiroler Ache und dem Hafen Feldwies. Viel idyllischer geht es kaum.

Die vier vollausgestatteten Apartments bieten dabei sehr viel Platz für die Klein- und Großfamilie, aber auch für Freundinnen und Freunde. Die beiden großen Ferienwohnungen sind mit 190 und 230 Quadratmeter über jeweils zwei Stockwerke sehr großzügig bemessen und können bis zu acht Personen unterbringen. Im Loft und *Fishermans Apartment* sind es immer noch maximal drei beziehungsweise sechs. Beim Interieur haben die Gastgeber Sabine und Christof Imdahl ein ganz feines Gespür bewiesen. Kunst und Antiquitäten wechseln sich ab mit Rustikalerem und Designmöbeln. Ein farbenfroher Mix, hell und angenehm unaufdringlich.

Die Aussicht zum Naturschutzgebiet wirkt beruhigend. Für eine weitere innere Einkehr nebst körperlicher Ertüchtigung steht ein großer Yogaraum mit Blick aufs Schilf zur Verfügung. Im *Farmhouse* darf rundherum entschleunigt werden.

23 JUGENDHERBERGE BERCHTESGADEN

Natur & Geschichte

Watzmann & Königssee: Auf ins Berchtesgadener Land, auf in die *Jugendherberge Berchtesgaden*! Nein, kein Matratzenlager auf einer Berghütte, sondern individuell gestaltete Galerie- und Balkonzimmer, viele mit Erker. Außen alpine Bauernhaus-Architektur, innen modernste Jugendherberge 2.0. Natur trifft Geschichte: Ein perfekter Ausgangspunkt für das *Dokumentationszentrum Obersalzberg*, eine Bootsfahrt auf dem Königssee, eine Wanderung in den Nationalpark oder einen Ausflug nach Salzburg.

Struberberg 6, 83483 Bischofswiesen, Tel. 08652 943 70
Web: berchtesgaden.jugendherberge.de, IG: @jh.berchtesgaden

TIPP

UNHEIMLICHE ORTE

Verwunschen, verzaubert, mystisch und eben ein wenig unheimlich. Die Geschichten zu diesen Orten stellen einem die Nackenhaare auf und bringen die Fantasie bereits auf dem Weg dorthin auf Touren. Nehmen Sie sich besser an die Hand.

WALLFAHRTSKIRCHE MARIA KLOBENSTEIN

Der Sage nach stürzte ein riesiger Felsbrocken herab und teilte sich gerade noch rechtzeitig vor einer Bäuerin – als Dank für dieses Wunder wurde Maria Klobenstein errichtet.

GEISTERHAUS GABRIEL VON MAX AM STARNBERGER SEE

Spirituelle Sitzungen sind in der unmittelbaren Nähe untersagt. Das könnte die Geister wecken. Also bitte nur schauen und schaudern.

WALCHENSEE

Auf dem Boden des Sees wohnt ein Ungeheuer. An der Staustufe in Urfeld gruselt es sich am besten. Bitte nicht baden und zu weit rausschwimmen.

UNTERSBERG BEI BERCHTESGADEN

Der Berg hat sein eigenes Gravitationsfeld. Also Vorsicht! Stören Sie nicht die geheime Gesellschaft, die regelmäßig in der Nähe des Berges tagt.

AUERBERG IM ALLGÄU

Unheimliche Gänge innerhalb des Berges und blutende Bergquellen. Im Halbdunkeln den Parkplatz der Wirtschaft am Auerberg aufsuchen und die Abgründe entdecken.

INDEX

M

MAKER

H

HÄNDLER

G

GASTGEBER

U

UNTERKÜNFTE

IMPRESSUM

MAKERS BIBLE PUBLISHERS

Dieses Buch wurde erstellt, gestaltet und herausgegeben von
Melville Brand Design GmbH
Goethestr. 20
80336 Munich
Germany
melvillebranddesign.com

EDITORIAL

Herausgeber *Melville Brand Design, Lars Harmsen, Michael Schmidt*
Projektleitung *Sebastian Berg*
Redaktionelle Leitung / Texte *Sebastian Berg, Michael Schmidt, Christian Wander, Andreas Dauerer*
Creative Director *Lars Harmsen*
Design / Layout *Florian Brugger, Johannes König, Milan Müller*
Image Editing *Patrik & Fabian Kern*
bildergut.com

LEKTORAT

Katharina Kestler

ONLINE PLATTFORM MAKERSBIBLE.COM

Sebastian Berg, Johannes König, Michael Schmidt

DRUCK

Druckerei Vogl GmbH & Co KG
Georg-Wimmer-Ring 9
85604 Zorneding
druckerei-vogl.de

MATERIAL

IGEPA Salzer touch 100 & 120

HAFTUNGSAUSSCHLUSS

Die vom Herausgeber veröffentlichten Informationen, Adressen und Bilder sind mit größter Sorgfalt recherchiert. Dennoch kann für die Richtigkeit keine Gewähr übernommen werden. Die Informationen können durch aktuelle Entwicklungen überholt sein.

COPYRIGHT

ISBN 978-3-00-068523-1

BILDNACHWEISE

Es wurden alle Anstrengungen unternommen um alle Urheberrechtsinhaber zu ermitteln. Wenn nicht im Auftrag von Makers Bible, wurde das fotografische Material von den Marken zur Verfügung gestellt. Fehlende Bildnachweise sind unbeabsichtigt. Urheberrechtsinhaber, die nicht korrekt angegeben wurden, sind eingeladen, mit uns Kontakt aufzunehmen:
info@makersbible.com

FOTO QUELLEN

KURATOREN
Bayerische Staatsforsten — Moritz Kindler, Jonathan Kemper, Bert Heinzlmeier; Empfehlungen: Ebersberg: Moritz Kindler; Forstenried: Jonathan Kemper; Gämse: Philippe-Boutiae. Alle anderen: Bayerische Staatsforsten
Katrin Habenschaden — Portrait: Katrin Habenschaden, Empfehlungen: Katrin Habenschaden, Alfred Becker (Immenstadt)
Sebastian Beck — Empfehlungen: alle Sebastian Beck, Landgasthaus Fischbach: © Copyright - Gasthaus Fischbach
Theo Peter — Bild 1 + 2: Florian Holzherr, Bild 3: Stefan Müller-Naumann

Atelier Bembe: Stefan Müller-Naumann, Stoa169: Felix Pitscheneder, Franz Marc Museum: Doris Leuschner, Haus im Wald: Anneliese Kompatscher, Haus Panschar: Schels, Lanz, PK Odessa, Königshaus Schachen: Bayerische Schlösserverwaltung, Pfarrkirche St. Johannes Baptist: Gras-Ober
Katharina Kestler — Jens Scheibe, Daniel Hug, DAV/Julian Bückers, Niklas Siemens
Sonja Greimel — Sonja Greimel, Hans Herbig
Kloster Beuerberg — Luftaufnahen: Thomas Lockau; St. Peter und Paul: Thomas Dashuber, weitere: Sebastian Berg. Empfehlungen: St. Peter und Paul: Dr. Christoph Kürzeder, Klostergarten: Andreas Gebert, Spaziergang: Gina Gorny, Ausstellungen: Thomas Dashuber, Beherbergung: Zeitraum
Nadja König — Portrait Nadja König: munichwithus
Creative Alps — Haus der Berge: Josefine Unterhauser, Juhasz Tagesbar: Juhasz, Mode & Genuss/ Jessica Nisiropoulos, Raumfavorit: Georg Grainer

Seite 2: Haus am See
Kapitel 1 (Seite 9): Frederike Lower
Kapitel 2 (Seite 45): Kathi Knörle
Kapitel 3 (Seite 97): Michael Müller
Kapitel 4 (Seite 147): Michael Müller
Kapitel 5 (Seite 177): Michael Müller
Seite 224: Ralf Bernert

MAKER, HÄNDLER, GASTGEBER

Alexander von Bronewski Tobias Westen, Johannes Schmidt
Alpenloge Michael Schott
Bootsbauhandwerk Daniel Sommer
Chiemseefischerei Verena Stephan
Chocolaterie Amelie Marc Gilsdorf, Thomas Sehr
Cuatro Hombres Marc Gilsdorf
Das Marktrestaurant H1.com
Das Rosso Lisa Rühwald, Wim Jansen
Ernst Gamperl Bernhard Spöttel
Herzogliche Fischzucht Wildbad Kreuth Gregor Moser
Karlmeise Armağan Akinci
Ladenbergen Michael Namberger
Maloja Pushbiker Urs Golling, Jan Roeder
Manufaktur Grasegger Christian Stadler
Marony's Pottery Simone Hörmann
Out for Space / Karuun Johannes Bauer
Platzfisch Philipp Gülland
Racing Atelier Constantin Mirbach
Sanktjohanser Matthias Sanktjohanser
Schmidhuber Ferienwohnungen Amelie Niederbuchner
Schmiedewerk Asbeck Helge Röske, Robin Brillert
Schreinermeisterei Roman Häbler, choreo.info
Teresa Deufel Gert Krautbauer, Angela Lamprecht
Trachten Greif Hansi Heckmair
Voihoiz Leonie Lorenz, Robert Sprang Fotografie
Von Brokk Maria Schinz
Westerberger Fullblood Studio Saint
Wiggerl Siebzehn Christoph Philadelphia

DANK

Sabine Reister (IGEPA), *Erika Papffnger* (Salzer), *Ralf Vogl* (Druckerei Vogl).

Besonderer Dank gilt allen Kuratoren, Makern, Gastgebern und Einzelhändlern, die uns ihre Empfehlungen und Tipps ohne Berührungsängste und mit Wertschätzung preis gegeben haben.

Dem Marken-Partner der Makers Bible: Polestar AB & Autohaus München

Jeder, der oben genannten hat einen Teil zur Realisierung dieses Buches beigetragen.

OUTVILLE

Christian Wander wollte seine Liebe zur Natur mit seiner Leidenschaft für Markenentwicklung und authentisches Geschichtenerzählen verbinden. Bei Outville geht es deshalb um Entdeckungstouren außerhalb der Stadt, sei es in den Bergen, Wäldern oder am Meer – immer angetrieben von einer Prise Abenteuerlust und einem Lebensgefühl, das stark in der Natur verwurzelt ist und fast nebenbei in verschiedenste Bereiche wie Fotografie, Design, Architektur aber auch Reisen, Camping und Essen hineinwirkt.

Outville möchte Gleichgesinnte erreichen und ihnen Impulse für Outdoor-Entdeckungstouren geben. So entsteht ein inspirierender Mix aus authentischen Geschichten über besondere Menschen, kleine und große Abenteuer, die direkt vor der Haustüre anfangen und sich bis in die tiefste Wildnis erstrecken können, ausgewählte Ausrüstung und coole Orte – erschaffen von einer Gruppe kreativer Köpfe, die alle eins verbindet: die Leidenschaft für die große Weite da draußen.

outville.cc — @outville

DIE MAKERS BIBLE

Die Makers Bible ist sowohl Buchreihe als auch eine Online-Plattform. Mit unserem Manifest für Qualität, Handwerkskunst und Leidenschaft teilen wir die Passion, die Handwerker*innen für ihre Arbeit haben.

Wir wertschätzen die Erzeugnisse von ‚Makern & Craftern', traditionellen Manufakturen und Unternehmen mit nachhaltigem Ansatz, die Rohstoffe aus ihrer Umgebung beziehen, deren Produkte besonders haltbar sind und sich bei Bedarf reparieren oder recyceln lassen. Das Ergebnis soll sich gut anfühlen und einen Nutzen bieten. Handgemachtes, das durch Gebrauchsspuren nicht nur an Schönheit gewinnt, sondern durch die Patina für seine Benutzer zu einem wunderbaren Unikat wird.

Das Team der Makers Bible ist sich der Bedürfnisse kleinerer und mittlerer Unternehmen sehr wohl bewusst. Wir beraten sie strategisch, sorgen für den richtigen Fokus ihrer Kommunikation und schaffen authentische Bilder und punktgenaue Texte, die unseren Makern eine unverwechselbare Identität verleihen.

makersbible.com — @makersbible

THE ALPS
101 Marken aus Tälern und Bergen

MÜNCHEN
Handgemachte Qualität